凡　例

一　引用文は、読みやすさを考慮して漢文は読み下し文に改め、適宜、新字体・新かな遣いに改めるとともに、ふりがなを付した。

一　『歎異抄』は、原則、永正本により、現代語訳・語註、引用文中の註もすべて、筆者が作成した。

一　その他の引用は、原則、『定本親鸞聖人全集』（法藏館、一九六九）によった。

歎異抄——心に刺さるメッセージ——

一　『歎異抄』とは

『歎異抄』とは、十二、三世紀に人間性の回復を求めて、念仏に出遇った親鸞のことばを中心に綴られた書である。そこには、熾烈なほどの自己における偽善と虚飾に対する戦いが、あるいは、また、突き刺さるほどの鋭さで、自己の罪業と愚かさを自覚していった告白とも言えるものが記されている。同時に、親鸞はもちろんであるが、そのことばを記録し、本書（『歎異抄』以下同じ）の著者と目される唯円《ゆいえん》（？—一二八八）の身命までもかけた学びの意気ごみが伝わってくる。

作家の杉本苑《その》子は、

なまじ媒体を入れずに四十なかばの現在、原文のまま味読してみると、親鸞の愛と拒絶、孤独と絶望の深さが、よくわかる。救いの書ではない。『歎異抄』は絶望の書なのだとも、しみじみ納得されてくる。（中略）

自力での修行の限界を知り、とほうにくれきった目の先に、本願他力の救いを見いだした法然……。その師の証《あか》しに縋《すが》り、「いづれの行も及びがたき身」の救いを求めたのが親鸞だが、本願の存在を知ることは、同時に自身の救われがたさに、気づくことでもあるはずだ。でも、それに気づくことすら、私などには、容易ならざることに思える。

人間はほとんどが、ナルシストである。甘えやエゴ、うぬぼれや欺瞞《ぎまん》……。自己弁護につながるあらゆる想念を、しかし、渾身の勇をふるってかなぐり捨てたとしても、その結果、いやおうなく露呈するのは、いままで隠れていたまっ黒な本質にすぎない。一人も殺すまいと思っても、状況や考えの変化によっては、百人千人殺してしまうかもしれない不可解な自分、恐ろしい自分、醜い自分……。執着深く、妄念熾烈な、どのような許しも、たとえば広い、深い、弥陀の愛をもってすら救われがたい自身の、生存そのものがすでに犯している悪と罪に、戦慄し、絶望して、悲鳴さながらほとばしり出た南無阿弥陀仏――。呵責《かしゃく》と自己嫌悪のどん底で、その、ひと言の「なむあみだぶつ」が口をついて出た瞬間、そんな自分ですらが、本願の前には、じつはとっくに救われている事実に、気づくのだと法然は言い、親鸞も言うけれど、なまじ刑事上の罰を受けず、中途半端なえせ善人のレッテルを自分に貼って、安心しているようにな私には、悲鳴をあげるぎりぎりまで、おのれを追いつめることなどできそうもない。また、よしんば、それができたと仮定してもなお、なんとも凡夫とは始末に負えぬものである。本願の存在にはっきり目があいたあとですら、ややもすると疑い、迷うのだから……。
　念仏とは、けっく救いの約束でも保証でもない。湧いてやまない妄念に、絶えずゆすぶられる不安定な魂を、信仰に定着させ、からくも死まで持続させるための、手段なのだ。(1)

とまで言っている。厳しい文章である。本願とは、『無量寿経』に出てくる法蔵菩薩《ほうぞうぼさつ》の建てた願であるが、ことばを変えて言えば、私を苦悩から救おうとするあらゆるものから感じ取れる願いの総称である。私の中にある苦の原因を気づかせてくれる智慧の根本本体である。杉本苑子《その》の文を長々と引用したが、この文には、まさに『歎異抄』によって粉砕された著者自身の姿と、厳しく自身の生き方を課題とする生きざまが、生々しく表現されている。私にとっては、いつも脳裏を離れえぬ文章である。今日までに、どれほど多くの人々が、この『歎異抄』によって、自己を課題にし、人間らしさを取り戻していったことだろうか。

ところで、本書の巻末には、室町時代の本願寺の蓮如（一四一五―一四九九）によって、

　右この聖教は、当流、大事の聖教となすなり。無宿善の機においては、左右なく之を
　　許すべからざるものなり。

と付されている。これによって、蓮如は本書を禁書にし、明治の思想家が本書を世に出したと解する人が多い。しかし、江戸末期までに『歎異抄』の写本は三十九本もあり、また『歎異抄』研究の必読書と言われる『歎異抄講林記』（深励《じんれい》）、『歎異抄聞記』（了祥《りょうしょう》）などの講録は江戸時代のものである。[2] 他の親鸞の著作に比べるとはるかに多い。蓮如や以後の本願寺は『歎異抄』を決して禁書にはしていない。このことばの意味は本書を読む者の心得を言ったものである。法然（一一三三―一二一二）の『選択集《せんじゃくしゅう》』（本文末尾）や親鸞の『末灯鈔』の蓮如書写本などにも同様のことばがあるが、それらは禁書にしたと理解されていないし、事実、禁書にされてもいない。

　宿善とは、仏法に遇う縁、つまり、目覚めるべき縁のことである。別のことばで言えば、仏法を聞く姿勢を持ち、生きることについての問いを持っていることである。問いなくして、知識や教養を身に付けるつもりで本書を読んでも、何も響いてこない。一ページも進まないうちに投げだすであろう。なぜなら本書自体が、自己を飾る道具としての知識や教

養そのものを否定しているからである。宿善のある者、仏法を学ぼうとする心根のある者に読んでほしいとの意である。

『歎異抄』には誤解されやすい鋭いことばが多い。蓮如は聖教（教えの書かれた本）は「機（衆生、人など）を守りて許す」などと言い、『御文』（蓮如の書いた手紙形式の伝道文）でも、

当流の他力信心のひとどおりをすすめんとおもわんには、まず宿善《しゅくぜん》・無宿善の機を沙汰《さ》すべし。（中略）無宿善の機のまえにおいては、正雑《しょうぞう》二行（念仏行か、それ以外を雑《まじ》えた行か）の沙汰をするときは、かえりて誹謗《ひほう》のもといとなるべきなり。

（三帖目第十二通）

と言う。つまり、もともと仏法を学ぶ心根のない人が仏法を聞くと、曲解して仏法を謗《そし》る大罪を犯すことになると言っている。たとえば、仏法を学ぶ心根のない人が「悪人こそ救われる」と聞くと、わざと悪を犯し、本来の教えに反することになるとの意である。

本書は、不思議な書である。人間関係で悩んでいるときは、そのことを課題にこの書を読むと、そこに答が出ている。教育について悩んでいるときは、そのことを課題にこの書を読むと、すでにそこに答が用意されている。

たとえば、かつて私は、教育の場で悩む不登校の少年とその課題を共有して読んだことがある。少年はすでに、この書の中に答を見出し、自己の生き方を学んでいる。家庭問題しかり、社会問題しかりである。したがって、何回読んでも、いつも新鮮な感動がある。小説や教養書は、一度読めば、再び読む気はしない。しかし、この『歎異抄』は違う。二十代で読むのと、三十代で読むのとでは違う。昨日読むのと、今日とでも違う。なぜなら、こちらの課題が変わっているからである。それゆえ、何度読んでも飽きない。むしろ、何度も何度も読むべき書であろう。

今日、『歎異抄』の解説書は千冊を下らないと言われている。『歎異抄』を論ずる教養人も多い。しかし、その多くが、

（私は）不信者なのに、私は『歎異抄』を読むと、その強い信仰の熱気に打たれ、しばしば、生命の尊さを実感させられ……[3]

などと言っている。信者とか行者と言うのは、世俗の教団に属さなくとも信仰に生きる人のことである。ここで言うなら、人間らしさを取り戻そうと歩む人のことである。人間らしさを取り戻すことを主題とした書を読み、解説しながら、そのことを求めずして、熱気も生命の尊さも、感じられるはずがない。本書に指し示された歩みをして初めて、それが

伝わってくるのである。その意味で、数ある『歎異抄』の解説書の中で、読むならば、その人自身の歩みの中で書かれたものでなければ、私たちには響いてこない。

二　歎異精神——真理に異なる自己

〔序〕

竊《ひそ》かに愚案《ぐあん》を回《めぐ》らして、ほぼ古今《ここん》を勘《かんが》うるに、先師《せんし》の口伝《くでん》の真信《しんしん》に異《こと》なることを歎《なげ》き、後学相続《こうがくそうぞく》の疑惑《ぎわく》あることを思《おも》うに、幸《さいわ》いに有縁《うえん》の知識《ちしき》によらずは、いかでか易行《いぎょう》の一門《いちもん》に入《い》ることを得《え》んや。

〔語註〕

愚案　愚かな私の考え、思い。
古今　聖人在世のころとなき今日。
真信　真実信心、如来の心。
知識　自分を仏法の世界に導いてくださる人。仏法を学ぶ上での師。善知識とも言う。
易行　念仏。この行はたもちやすく、行じやすいのでこう言う。

〔現代語訳〕

ひそかに私の愚かな思いをめぐらして親鸞聖人の時代と今の時代を考えてみると、親鸞聖人口伝の「真実の信心」に私が異なっていることを、私自身、悲歎せざるをえない。後に学ぶ人も仏智《ぶっち》を疑ったり、気づかないことがあることを思うに、遇い難い中にも幸いに御縁を得て優れた仏法者に遇うということがなければ、どうして易しい行である念仏の一門に入ることができようか。

本書の後序にも、

一室の行者のなかに、信心ことなることなからんために、なくなくふでをそめてこれをしるす。なづけて『歎異抄』というべし。

と記される。このことばを一般的に理解するなら、

ひとつ仲間の行者の中に、信心が異なる者がないようにと念じ、泣く泣く筆を取って、これを書いた。名づけて『歎異抄』と言う。

と解釈される。つまり、仲間うちで、正統が異端を歎異するとの意になる。右に掲げた序文も同様の意に解される。親鸞口伝の信心に異なる異端を歎くと。

少なくとも、古典として、文学書として、あるいは教養書として読むならば、こう読むべきであろう。現に、たいていの本書の解説書は、このように書かれている。事実、作者

とおぼしき唯円《ゆいえん》も、その意味で書いたのかもしれない。

しかし、一歩踏みこんで、本書を人間性回復の宗教書として読むときは、もっと違った意味に読みとれる。

本書は、われわれの常識的思いや、分別を否定することによって、それを媒介とし、さらに、それを超えた自在の世界を知らしめようとしている。それゆえ、そのような表現が、全条を貫いている。

たとえば、「本願を信ぜんには、他の善も要にあらず」（第一条）とか、「善人なおもて往生をとぐ、いわんや悪人をや」（第三条）といったように。

つまり、ここでは、善を可とし、悪を不可とするわれわれの常識的立場が否定されている。自分にとって都合のよい人を善人と言い、都合の悪い人を悪人と言っている。そういう自分が課題にされ、破られてくる。不純であり、不真実である自己が、真理に照らされて、赤裸々に見えてくるのである。

したがって、「歎異」とは、正統が異端を歎異するのではない。この場合、正統とは誰か。言うまでもなく自分である。私が正統で相手が異端となる。相手もそう思う。これでは、不毛の争いが生ずるだけである。苦悩を超えるために『歎異抄』を読むのであるから、正統も異端もない。「歎異」とは、真理に異なっている自己への悲歎である。異なっているのは私である。自己における善人の虚像が破られ、悪人である実像が見えてくることである。他人が異なっているのではなく自己が真理に異なっているのである。そう読んでこそ本書が、単なる古典ではなく宗教書として光り輝いてくるのである。

「先師の口伝の真信に異なることを歎く」（序文）と示される中の「真信」とは、真実信心である。親鸞の言う真実信心とは、力《りき》んで祈る心ではなく、私を不真実であると自覚させるところの如来の真実心である。つまり、「智慧の光明」である。それは、自己の都合の及ばないところにあって、私を照らしてくれるものである。したがって、そういう真実信心に異なっている私自身が、悲歎されてくるのである。

不登校になり、筆者と『歎異抄』を読んだ少年が言っていた。

こいつに真剣に取り組んだら、おれが今まで作り上げてきたつっぱりの虚像が壊されるのじゃないかという不安と恐れがすごくありました。

本書を読むと、知性のものさしで人を測り、善悪のものさしで他人を裁く、そんな「私」が見えてくる。知性や善悪のものさしに流され、真実に異なっている自己自身が歎異されてくる。その精神が本書を貫いているのである。

三　自見の覚悟――自閉的世界を破る

〔序〕

全《まった》く自見《じけん》の覚悟《かくご》をもって、他力《たりき》の宗旨《しゅうし》を乱《みだ》ること莫《なか》れ。よって、故親鸞聖人御物語《こしんらんしょうにんおんものがたり》の趣《おもむき》、耳底《みみのそこ》に留《とど》まるところ、いささかこれをしるす。ひとえに同心《どうしん》の行者《ぎょうじゃ》の不審《ふしん》を散《さん》ぜんがためなりと云々

〔語註〕

宗旨　教えの肝要、根本義。ここでは、宗派の意味ではない。

物語　はなし、談話。

同心の行者　同じ志で道を求める者。同朋。同行。

〔現代語訳〕

まったく、ひとりよがりの見解で、他力の教えを乱してはならない。よって親鸞聖人が語られた事柄の趣旨の、今もって耳の底に留まるところを多少ここに記すことにする。ひとえに、心を同じくする念仏者の不審をはらすためであると云々。

「自見の覚悟」とは、一般的には、自分勝手な解釈、ひとりよがりの見解という意味である。したがって、ここは、自分勝手な見解で、他力の教えを自ら混乱させるな、との意にとれる。

われわれは、生まれてからこのかた、貧しい知識と情報で仏教を見、ある種の先入観を持っている。たとえば、仏教は死後を祈るものであるとか、自分の欲望を満たすために祈るものであるとか。さらに、念仏はその呪文であるとか……。そして、その誤ったひとりよがりの先入観に碍《さまた》げられ、本来の仏教を知ろうとしない。

今日、無信仰者だと名のる人の多くは、自分の貧しい情報量で、宗教の何たるかをはかり、真の宗教を知らないまま、知ったつもりになって、そう言っている人が少なくない。むろん、宗教と名のつくものの中には疑似宗教もたくさんあって、それを見極めるのも大事なことではあるが――。

このような人は、自然法爾《じねんほうに》とか、身心脱落とか、真に心が解放され、自在の世界があるにもかかわらず、それを知らないまま、苦悩の中にあえがなければならない。もっと悲しいことに、苦の中に居るということすら自覚せずして苦しんでいる。まったくひとりよがりの思いに広い世界が碍げられているのである。このことばは、一応このように理解できる。

だが、このことばは、もっと深い視点から読みとることができる。すなわち、「自見の覚悟」とは、日常のいろいろな価値観に縛られた、一種の自閉的世界と受けとめることができる。

たとえば、偏差値教育の中で、それがすべてであると思いこんだり、経済社会の中で、お金がすべてであると思いこんだりする、狭い立場である。もっと言えば、それらにとらわれ、優越感と劣等感にさいなまれ、本来の人間らしさ、広い世界に気づかず、それを見失った世界と考えることができる。

つまり、狭少な価値観の世界にとどまっている自分に、広い自在の世界を気づかせようとする如来のはたらきを、自ら碍《さまた》げることなかれと領解できる。

迷っている者には、それが迷いであるとはわからない。とらわれている者には、それがとらわれであるとはわからない。

〝正解に出会うまで誤解であることに気づけない。〟

たとえば、偏差値がすべてだと思いこんでいる人には、それが虚仮《こけ》であると言っても、理解してもらえない。せいぜい、敗けた者のやせがまんか、開きなおりぐらいにしか映らないであろう。そこに、われわれの心の病理がある。「智慧の光明」に出遇わぬ暗さがある。

親鸞は、そのとらわれた心を罪福信《ざいふくしん》と呼ぶ。つまり、滅罪や福徳を祈る心である。平易に言えば、欲望のままにご利益《りやく》を求めてお祈りする心である。それは、どこまでも我執に根ざすものであり、またそのとらわれた世界を疑城胎宮《ぎじょうたいぐ》と呼ぶ。母の胎内にたとえているのである。広い外界の見えない、自閉的世界である。

念仏を称《とな》えつつも、そのような罪福を祈る者を自力諸善《じりきしょぜん》と言い、意識せずとも、自ら広い世界からのはたらきを乱しているので、それを「仏智疑惑《ぶっちぎわく》」（仏の智慧に気づかないこと）と述べている。

仏智を疑惑するゆえに
胎生《たいしょう》のものは智慧もなし
胎宮にかならずうまるるを
牢獄《ろうごく》にいるとたとえたり
仏智の不思議を疑惑して

罪福信じ善本《ぜんぽん》を
修《しゅ》して浄土をねがうをば
胎生《たいしょう》というとときたまう
（『正像末和讃』）

「大学に合格させてください。南無阿弥陀仏」「長生きさせてください。南無阿弥陀仏」と、いくら祈っても、大学やその上下にとらわれている限り、また、長生きにとらわれている限り、真に落ちつける世界はない。真に落ちつけるのは、仏智《ぶっち》によって一切の虚妄《こもう》を知り、主体的な立場で、それに甘んじることのできる時である。奇跡を呼び起こして、状況を変えようとしても、変わらない。こちらがひっくりかえるのである。こちらの価値観が変わったとき、いのちは長くてもよし、短くてもよし、大学は上でもよし、下でもよしと、そのとらわれを離れ、自己が完全燃焼しているのである。

仏智うたがうつみふかし
この心《しん》おもいしるならば
くゆるこころをむねとして
仏智の不思議をたのむべし
（『正像末和讃』）

結局、「自見の覚悟」とは、自分では、それが「自見の覚悟」とはわからない。〝他〟なるもの、自分の都合を離れたもの、つまり、普遍の仏智（真実）に照らされて、はじめて自覚される。

〝自分の世界にこもっているときは、自分は見えないのです。
他なる力《はたらき》によってはじめて見えるのです。〟

その〝他〟からのはたらきが他力である。世俗に流され、自閉のわれわれに対し、もっと広い世界があるんだ、そんなことで広い世界からのはたらきかけを碍《さまた》げるな、との呼びかけが、まず冒頭の序文の中に説かれるのである。そして、そのめやすが、「故親鸞聖人御物語の趣」つまり、第一条から第十条までの条々である。

〝「知っている」「わかっている」という壁が、
あなたを閉じ込めているのです。〟

四　弥陀の誓願不思議――大いなる願いの中に

〔第一条〕

一　弥陀《みだ》の誓願不思議《せいがんふしぎ》にたすけられまいらせて、往生をばとぐるなりと信じて念仏もうさんとおもいたつこころのおこるとき、すなわち摂取不捨《せっしゅふしゃ》の利益《りやく》にあずけしめたまうなり。弥陀の本願には老少善悪《ろうしょうぜんあく》のひとをえらばれず。ただ信心を要《よう》とするとしるべし。そのゆえは、罪悪深重《じんじゅう》煩悩熾盛《ぼんのうしじょう》の衆生《しゅじょう》をたすけんがための願《がん》にてまします。しかれば本願を信ぜんには、他《た》の善も要《よう》にあらず、念仏にまさるべき善なきゆえに。悪をもおそるべからず、弥陀の本願をさまたぐ

〔語註〕

摂取不捨　念仏する人をおさめとって捨てないこと。「もののにぐるをおわえとる」（左訓：親鸞がことばの左側に付けた註釈）つまり、仏に背いていると自覚した者こそ、いよいよ救われるとの立場。

老少善悪　老いも若きも善人も悪人も。

熾盛　激しく燃えるようにさかんなこと。

るほどの悪なきがゆえにと云々

〔現代語訳〕

思いはからいを超えた阿弥陀の誓願（本願）によって、われわれは、生死の苦悩から救われた世界、つまり、極楽浄土に生まれるのである。そのことを信じて、仏のはたらきを信知させてくれる念仏を称《とな》えようと思い立つ心の起こるとき、たちまち、仏はそれに感応してあらゆる人を摂めとって捨てず、苦悩から解放する恵みを得させてくれる。阿弥陀の願いは、老人か、若者か、善人か、悪人かを選ばず、ただ信心を肝要とすると知るべきである。そのわけは、罪深い人も、盛んに燃えるような激しい煩悩多き人も、それらを救わんがための本願だからである。だから、本願を信ずれば、他の善を積むことも必要ではない。念仏に勝る善もないから悪をも恐れることはない。阿弥陀の本願を碍《さまた》げるほどの悪もないからであると云々。

われわれは、すべてのものを、我執に基づく自分の都合ではかり、理知と分別で理解しようとする。その都合と理知・分別を超えた世界が、誓願不思議の世界である。

〝思いがけず生まれ、思いがけず死んでいく。思いを超えた仏のみ手の中で。〟

不思議とは、不可思議であり、思議できないことである。世にも不思議、摩訶不思議という超能力的ありさまを指すことばではない。はかりがたい世界である。思議を超えたところに、われわれの救われる道、人間らしさを回復する道があるのである。

なぜなら、思議の眼、都合の眼で自分を見ても、自分にとって都合のよい反省しか出てこない。また、都合の眼で世界を見ても、世界は都合のままにはならない。都合と現実の間に立って苦しむだけである。都合の世界に学びはない。われわれは、都合の外（他）からのはたらきによって、はじめて、都合によって生きている姿が見えてくる。自分の都合によって、上下を決め、善悪を決め、好醜を決め、親疎《しんそ》を決め、賢愚を決める。決めてはならない。すべてが輝いている。決めている私が、他なるものによって照らされ、自らが内外に羞《は》じられることを、親鸞は慚愧《ざんぎ》と言う。私に慚愧させてくるものの中には、願いがある。私を真の人間にさせずにおかないという願いがある。つまり、私を救わずにはおかないという願いである。経典にはこれを「若不生者　不取正覚」（もし生まれずんば正覚を取らじ）と表現している。

つまり、法蔵菩薩《ほうぞうぼさつ》という菩薩が、私に対して、「あなたを真の人間として、成就させることなくしては、私は阿弥陀仏にならない」と願いを立てた。そして、法蔵菩薩はその願いを成就し、阿弥陀仏になった。

十方微塵《じっぽうみじん》世界の
念仏の衆生をみそなわし
摂取《せっしゅ》してすてざれば
阿弥陀となづけたてまつる　（『浄土和讃』）

願いは、私にかけられ、すでに、十劫の昔に成就している。

弥陀成仏《みだじょうぶつ》のこのかたは
いまに十劫《じっこう》をへたまえり
法身の光輪《こうりん》きわもなく
世の盲冥《もうみょう》をてらすなり　（『浄土和讃』）

＊十劫　劫は極めて長い時間の単位、長時。
＊法身　仏。究極的真理によって完成された身。
＊盲冥　暗闇《くらやみ》。迷いの闇の世界。眼に障害のある人の尊厳を傷つける比喩なので使用に注意。

しかし、私は未だ救われていない。なぜなら、私がその願いに出遇っていないし、気づいていないからである。阿弥陀の大いなる願いを、自見の覚悟でもって、さえぎっているのである。でも、気がついたら願いのまっただ中だったのである。

世の一切は、私を真の人間にさせるべく、つまり、救うべく願いをかけている。すべてが諸仏である。しかし、思議の眼、はからいの眼、理知分別の眼には、それが見えない。人も物も、私を目覚めさせるもの一切が諸仏である。ガンジス河の砂の数の如く諸仏(「恒河沙数諸仏」)がまします。すべてが、阿弥陀の本願のはたらきとしてである。

たとえば、わが子について、わが子を思議・分別の眼、我執の眼で見ると、所詮「わが子」であり、「育ててやっているんだ」「食べさせてやっているんだ」という見方である。しかし、本願の眼で見ると、わが子に教えられるのである。澄んだわが子の眼によって、汚いわが身が、さらには、都合よくふるまう親の私が問われてくる。羞《は》じられてくる。わが子からも、願いがはたらいているのである。

教師は、生徒に対し、我執、分別の眼で見ると、自分は教える者、生徒は、所詮、生徒という見方になる。法の眼に立つと、生徒からも教えられ、学ばされ、逆に人間として育てられている。「共学《きょうがく》」である。生徒も、教師も、互いに光り輝いているのである。諸仏と諸仏は、互いに念じ相《あ》うのである。

〝教育は「共育」育児は「育自」敬愛すれば自他共に育つのです。〟

誓願《せいがん》とか本願ということを理知と分別で理解しようとしても、理解できない。思議できない。ただ、自己自身のあり方が課題になったとき、人間の純粋感情の中にうなずかれてくるのである。本願（誓願）は、阿弥陀の本願であって、人間の願いではない。人間の願いは、どこまで行っても、思議と理知、分別の世界であり、不純である。私自身が一切に学ばされるところに、私を学ばしめる願い、私を救う願いが実感されてくるのである。

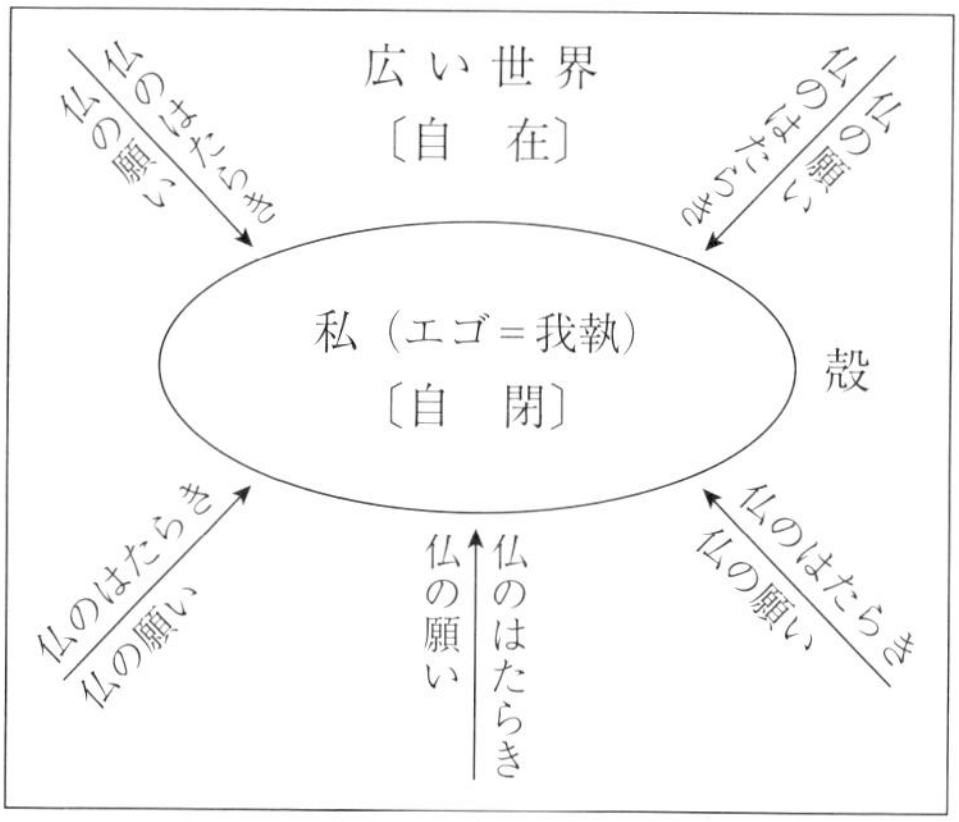

浄土教では、阿弥陀の救いを摂《せっ》取《しゅ》不《ふ》捨《しゃ》と表現する。おさめ取って捨てないとの意である。一般には、善行を行い、功徳を積んだ者を救って捨てな

いという意味である。つまり、仏に向かって来る者を救うとの立場である。

しかし、親鸞の理解は異なる。『浄土和讃』の中に出てくる「摂取不捨《せっしゅふしゃ》」に、

　せふ（摂）はもののにくるをおわえとるなり
　せふ（摂）はおさめとる　しゆ（取）はむかへとる（4）

と、左訓（左につけた語註）をつけている。「もののにくる」とは、逃げる、仏に背く者、阿弥陀に背く者という意である。仏に背く者とは、善行を修めたり、功徳を積んだりすることができない者である。いわば、悪逆の徒である。悪逆の者をおわえとるとは、いかなることであろうか。それは、好んで悪逆を犯すのではなく、自らを悪逆と自覚した者についてのことである。自己が課題となり、罪悪深重と自覚できた者こそ、いよいよ救われていくということである。善根功徳をほこるのではなく、いよいよ罪悪深重であり、どうにも助からないとわかったときに、すでに本願に出遇い、人間らしさを回復しているのである。その意味では、第三条の悪人正機と呼ばれる立場とまったく同じである。

　本願は、本願に出遇いたいと眼を外に向けて励んでも、出遇えない。眼を内に向け、自己自身を課題にするとき、逆説的に、出遇えて、意外にも救われていく、つまり苦悩から解放されていくのである。

五　おのおの十余か国の境を越えて――身命をかけて求めるもの

〔第二条〕

一　おのおの十余《じゅうよ》か国《こく》のさかいをこえて、身《しん》命《みょう》をかえりみずして、たずねきたらしめたまう御《おん》こころざし、ひとえに往生極楽のみちをといきかんがためなり。

〔現代語訳〕

それぞれの方が常陸《ひたち》の国から十余か国の境を越えて身命を顧みず、お訪ねに来られたお志は、ひとえに、「往生極楽の道」を問い聞かんがためでした。

〔語註〕

十余か国　常陸から京都までの国。東海道ルートとすれば下総・武蔵・相模・伊豆・駿河・遠江・三河・尾張・伊勢・近江・山城。

何不自由なく過ごす日常の中でフッと思う。

「宗教は本当に必要なのだろうか」

仏教の家庭に生まれながら、「仏法聴聞にどうしても身が入らない」と。

かつて、「宗教はアヘンである」と言った人がいる。確かに、我欲にとらわれた現世利《り》益《やく》の信仰は、宗教に名をかりたアヘンである。それに身命をかけるのは、欲の皮が厚いだけのことであろう。また、「カルト」は、人を教祖の奴隷にする。

ところで、今、ここには、「身命をかえりみずして……」とある。すでに述べたが『歎異抄』とは、弟子の唯円《ゆいえん》が、信仰上の問題を親鸞聖人にたずねたときの語録である。京に戻った聖人のもとへ、水戸の在、河和田に住する唯円は、はるばる十余か国を越えて、文字どおり、身命を賭《と》してたずね来た。

当時の旅の感覚は、新幹線を用いる今日とはまるで違う。関を越え、国を越え、種々の困難を越えてである。

現に、下野《しもつけ》の国（栃木県）高田にいた親鸞の弟子の覚信《かくしん》のごときは、上洛の途中に、「ひといちともうし、」所で病に倒れ、往生を遂《と》げたと消息に記される。

今、唯円をして、そこまで聞法の旅にふるいたたせたものは何なのか。何が彼をして、

「ひとえに往生極楽のみちをといきかんがため」と思わしめ、身を起こさせたのだろうか。

前にも述べたが、われわれは、自分の身から紛々《ふんぷん》と悪臭を放っている。だが、その悪臭に気づかないときは平然としておれる。しかし、ひとたび、その悪臭に気づいたら、居ても立ってもおれなくなる。平然としておれるのは、自分が傲慢《ごうまん》なだけである。

〝自分で自分の姿は見えない。他なるものに照らされて、はじめてありのままの自分が見えてくる。〟

ありのままが見えることを仏教では、実機《じっき》の自覚と言う。実機が自覚されると、居てもたってもおれなくなる。いよいよ聞かずにはおれなくなってくるのである。不思議なことに、そうさせられるのである。つまり、求めずにはおれない心が、向こうからやってくるのである。

唯円においては、自己が見えてきたのである。罪悪深重、煩悩熾盛《ぼんのうしじょう》のありのままの自己が見えてきたのである。それゆえに、往生極楽の道を聞かずにはおれなくなり、「身命をかえりみずして、たずねきたらしめたまう」たのである。

求めずにはおれない心を大菩提心と聖人は呼ぶ。それは、私のなす心ではない。他なるものに照らされて、自己が見えてきたとき、自《おの》ずから届いてくるのである。私を真実の人間にさせずにはおかないという、仏の大いなる願いのなすところの仏心である（願作仏心《がんさぶっしん》）。同時にそれは、私を真実にさせるべき心、つまり、救わずにはおかないという心（度衆生心《どしゅじょうしん》）である。

浄土の大菩提心《だいぼだいしん》は
　願作仏心をすすめしむ
すなわち願作仏心を
度衆生心となづけたり　（『正像末和讃』）

日常に安住し、宗教を不必要と思うのも、仏法聴聞に身が入らないのも、自己に出遇っていないからである。どこかの掲示伝道のことばがことさら深くうなずける。

たとえ一生を尽くしても、会わねばならない一人の人がいる。それは私自身。(5)

（廣瀬杲）

六　なにの学問かは往生の要なるべきや——学問と念仏

〔第二条〕

しかるに念仏よりほかに往生のみちをも存知《ぞんじ》し、また法文等《ほうもんとう》をもしりたるらんと、こころにくくおぼしめしておわしましてはんべらんは、おおきなるあやまりなり。もししからば、南都《なんと》北嶺《ほくれい》にも、ゆゆしき学生《がくしょう》たちのおおく座《おわ》せられてそうろうなれば、かのひとにもあいたてまつりて、往生の要《よう》よくよくきかるべきなり。親鸞《しんらん》におきては、ただ念仏して、弥陀《みだ》にたすけられまいらすべしと、よきひとのおおせをかぶ（蒙）りて、信ずるほかに別の子細《しさい》なきなり。念仏は、まこ

〔語註〕

法文　教えとそれを説いた経典や註釈書。

こころにくく　いぶかしく、ゆかしく。知りたく。

南都北嶺　奈良や比叡山。

ゆゆしき学生　すぐれた学者。

よきひと　さとりに導く人。知識。善知識。ここでは御師匠の法然上人を指す。

別の子細　格別の理由。

業　身、口、意によるおこない。それが次の在り方を決定する「因《たね》」になる。

総じてもって　まったくもって。

とに浄土《じょうど》にうまるるたねにてやはんべるらん、また、地獄《じごく》におつべき業《ごう》にてやはんべるらん。総《そう》じてもって存知《ぞんじ》せざるなり。たとい、法然《ほうねん》聖人《しょうにん》にすかされまいらせて、念仏して地獄におちたりとも、さらに後悔《こうかい》すべからずそうろう。そのゆえは、自余《じよ》の行《ぎょう》もはげみて、仏《ぶつ》になるべかりける身《み》が、念仏をもうして、地獄にもおちてそうらわばこそ、すかされたてまつりて、という後悔もそうらわめ。いずれの行もおよびがたき身なれば、とても地獄は一定《いちじょう》すみかぞかし。弥陀《みだ》の本願まことにおわしまさば、釈尊の説教、虚言《きょごん》なるべからず。仏説まことにおわしまさば、善導《ぜんどう》の御釈《おんしゃく》、虚言したまうべからず。善導の御釈まことならば、法然のおおせそらごとならんや。法然のおおせまことならば、親鸞《しんらん》がもうす

自余の行　念仏以外の修行。
すかされ　あざむかれ。だまされ。
仏になるべかりける　仏になるはずであった。
とても　とてもかくても。もともと。
地獄は一定すみかぞかし　地獄は決定的な自分の住処《すみか》なのです。地獄よりほかに行く処のない身です。
詮ずるところ　要するに。つづまるところ。結局は。
愚身　私、親鸞自身。
面々の御はからい　各自それぞれの考え次第。

むね、またもって、むなしかるべからずそうろうか。詮《せん》ずるところ、愚身《ぐしん》の信心におきてはかくのごとし。このうえは、念仏をとりて信じたてまつらんとも、またすてんとも、面々《めんめん》の御《おん》はからいなりと云々

〔現代語訳〕

それで、念仏よりほかに往生の道を知っており、また、教えやそれを説いた経典や註釈書などを知っているのではないかといぶかしく思うのであれば、それは大きな間違いである。もしそういうことであったら奈良や比叡山の大寺院には、立派な学僧たちが多くおられるので、その人たちにお会いになって、「往生の要」をよくよくお聞きください。親鸞においては、「ただ念仏して阿弥陀仏にたすけていただきなさい」と言うよきひと、法然聖人のおおせをいただいて、信ずるほかに、別の理由はない。念仏は本当に、浄土に往生する因《たね》になるのか、はたまた、地獄に堕ちるべき行為となるのか、まったく知るところではない。たとえ、法然聖人に騙《だま》されたとして地獄へ堕ちたとしても、さら

に後悔しません。そのわけは、念仏以外の行に励んで仏になることができるはずの身だったのに、念仏を称《とな》えたがゆえに地獄に堕ちたと言うのであれば、法然聖人に騙《だま》されたという後悔も生まれるであろう。しかし、私は念仏以外のどんな修行も堪《た》えることができない人間なので、もともと地獄行きが定まっており、そこが私の住処《すみか》なのである。阿弥陀の本願がまことならば釈尊の説教も、虚言《うそ》ではない。その仏説が真実《まこと》ならば、善導大師の御釈も虚言を言っているわけではない。善導大師の御釈が真実ならば、法然聖人のおおせも虚言ではない。法然聖人のおおせが真実ならば親鸞が申すことも、またもって虚しいことではない。結局は、愚かな身である私の信心における事柄は、このようなことである。念仏を選んで信じるのも、捨てるのもそれぞれのはからいであると云々。

学問して、知識を蓄え、知性豊かになることと、人間性を回復することとは、まったく別のことである。われわれは、おうおうにして、勉強のできる子は、人間的にもすぐれていると錯覚する。成績の良い子は、立派な子であると思ってしまう。しかし、その二つは、まったく別のことである。

知識を蓄え、知性豊かになっていくことは、生活の術を身につける上では大切なことであるが、それは必ずしも人間性回復の道ではない。

今、ここで、親鸞は「むずかしいことは、奈良や比叡山のすぐれた学者に聞いてください。私は、ただ念仏して弥陀にたすけられまいらすべしと、よきひと法然上人のおおせを聞くだけである」と答える。

それは、いくら学問しても、つまり、経典を知的に理解しても、救われないとの意である。『歎異抄』の第十二条には、

他力真実のむねをあかせるもろもろの聖教《しょうぎょう》は、本願を信じ、念仏をもうさば仏になる。そのほか、なにの学問かは往生の要なるべきや。まことに、このことわりにまよえらんひとは、いかにもいかにも学問して、本願のむねをしるべきなり。経釈《きょうしゃく》をよみ学すといえども、聖教の本意をこころえざる条、もっとも不便《ふびん》のことなり。一文不通《いちもんふつう》にして、経釈のゆくじもしらざらんひとの、となえやすからんための名号におわしますゆえに、易行という。学問をむねとするは、聖道門《しょうどうもん》なり、難行となづく。あやまって、学問して、名聞利養《みょうもんりよう》のおもいに住するひと、順次の往生、いかがあらんずらんという証文もそうろうぞかし。

（他力真実の旨を明らかにするさまざまな聖教には、「本願を信じ、念仏をも称えれば仏に

なる」、そのほか、いかなる学問が「往生の要」となるであろうかと説かれている。もっとも、このことわりに迷う人は、いかにも、いかにも学問して、本願の旨を知るべきである。経典やその註釈書を読み、学ぶといえども、聖教《しょうぎょう》の本意を心得ないことは、とても不便《ふびん》なことである。一つの文字さえ通ぜず、経典や註釈書のあらすじさえも知らない人が、称えやすいための名号であるから易行と言うのである。学問を宗《むね》とするは、聖道門《しょうどうもん》であり、難行と名づけられている。聞き誤って、学問して、名聞利養《みょうもんりよう》の思いを持つ人、順次の往生はいかがなものかという証文もあるようだ）

と示される。

本願を信じ、念仏申すとは、仏の願いに目覚めて、人間として完全燃焼し、人間を尽くしていくことである。

学問は、救いの助けにも、方法にもならない。なぜなら、仏道は、身をもって歩むものだからである。知識や教養として蓄えたものは、所詮、名聞（名誉欲）と利養（財欲）のためのものとなり、かえって救いの碍《さまた》げとなる。

室町時代の宗教者、蓮如は、『御文』（手紙形式の伝道文）の中で、

それ八万の法蔵《ほうぞう》をしるというとも、後世をしらざる人を愚者《ぐしゃ》とす。たとい一文不知

の尼《あま》入道なりというとも、後世をしるを智者《ちしゃ》とすといえり。しかれば当流のこころは、あながちにもろもろの聖教をよみ、ものをしりたりというとも、一念の信心のいわれをしらざる人はいたずら事なりとしるべし。

（五帖目第二通）

（それ、八万四千巻の法蔵（経典）、つまり、お経をすべて知っていても、後世を知らない人を愚者とする。たとい文字一つ知らない尼や入道といえども、後世を知っている者を智者とすると言う。しかれば、当流のこころは、あながちに、さまざまな聖教をよみ、ものを知っているといえども、一念の信心のいわれを知らない人は、意味のないことであると知るべきである）

と言う。八万四千巻と言われる経典を一字一句、その意味と、構成とをすべて知り尽くしたとしても、自らの生き方を問うものとして仏教を学ばなければ、救われない。逆に文字一つ知らない凡人であっても、自らの生き方を学ぶものこそ、真に人間として成就していくのである。

〝科学はモノを見る目、宗教は自己を見る眼〟

人間の知識は、身を飾る道具である。仏の智慧は、身を照らすはたらきを持つ。

知性に基づく科学の発達は、目先の人間の暮らしを豊かにする。バイオテクノロジーによって、遺伝子が操作され、おいしい牛肉が効率よく生産される。原子力発電によって、電化製品を駆使した文化生活ができる。

しかし、それが、本当に人類を豊かにさせているのだろうか。バイテクによる遺伝子の組み換えが人間に応用されたらどうなるのだろう。ヒトの遺伝子の操作は現実の問題となっている。原発の核廃棄物を、太平洋の海底にコンクリート詰めにして棄てると言うが、それに汚染された魚を食べる次代の人間はどうなるのだろう。魚貝類や海草に蓄積され、マイクロプラスチックを食べている現代人、ロボットに使われている現代人は、この先どうなるのだろう。知性偏重の社会は、この先どうなるのだろう。

人間の考えで思議する限り、何が真実で何が不真実か、わからない。

善悪のふたつ総じてもって存知せざるなり。（後序）

のことばが、ことさら深くうなずける。

ただ、知性をのばすことだけが人類を豊かにするとは限らない。かえって不幸に陥れているのかもしれない。仏のみが知る。

知性はものさしで測られる。学校の成績として、数値で示される。その評価が、あたたかも、その人のすべてを示すが如く……。人間を測り、人間を裁く。測り裁く側も、測られ裁かれる側も、ともに人間性が見失われていく。優越感と劣等感にさいなまれ、非人間的な世界へと追いやられていく。

　われわれは、そうでありながら、それにふりまわされていることを知らない。流されているのである。それを気づかしめるのが仏の智慧である。智慧によって流されている私が破られてくるのである。その目覚めを、先人は、「愚」と表現している。

　釈尊は、「汝、自らまさに知るべし」（『無量寿経』）と言い、善導（六一三―六八一）は自らを顧みて、「悪性侵《や》め難《がた》し、事《こと》、蛇蝎《じゃかつ》に同じ」（『観経疏《かんぎょうしょ》』）と言う。法然は「愚痴の法然房、十悪の法然房」と言う。親鸞は「愚禿《ぐとく》」と名のった。みんな自ら真理に異なる自己を歎異する。「愚」とは、本願に出遇ったことの表現である。「愚」の歴史はそのまま、本願の目覚めの歴史である。

　われわれは、弥陀―釈迦―善導―法然、そして親鸞の上に、本願の歴史と、その救いの確かさを確証する。

七　いわんや悪人をや――自己との出遇い

〔第三条〕

一　善人《ぜんにん》なおもて往生をとぐ、いわんや悪人《あくにん》をや。しかるを、世のひとつねにいわく、悪人なお往生す、いかにいわんや善人をや。この条《じょう》、一旦《いったん》そのいわれあるににたれども、本願他力の意趣《いしゅ》にそむけり。そのゆえは、自力作善《じりきさぜん》のひとは、ひとえに他力をたのむこころかけたるあいだ、弥陀《みだ》の本願にあらず。しかれども、自力のこころをひるがえして、他力をたのみたてまつれば、真実報土《しんじつほうど》の往生をとぐるなり。煩悩具足《ぼんのうぐそく》のわれらは、いずれの行《ぎょう》にても、生死《しょうじ》をはなる

〔語註〕

いわんや悪人をや　悪人が往生するのは言うに及ばない。

一旦　一応。

自力作善のひと　自分の力で善行を作《な》し、その功徳で自分の願いがかなえられると思っている人。

他力をたのむこころ　私を真実にさせずにはおかないという如来のはたらきを感知するこころ。

本願にあらず　阿弥陀の本願の救いの対象となるものではない。

ることあるべからざるをあわれみたまいて、願《がん》をおこしたまう本意《ほんい》、悪人成仏《じょうぶつ》のためなれば、他力をたのみたてまつる悪人、もっとも往生の正因《しょういん》なり。よって善人だにこそ往生すれ、まして悪人はと、おおせそうらいき。

ひるがえして　あらためて。価値観が転換すること。

真実報土　如来の真実心を得た人の生まれるところ。真実の本願に報いてできた迷いのない国。差別にとらわれたり、形にとらわれたりしない一如の世界。

煩悩具足　心身を煩わし、悩ます心を持っていること。いかり、はらだち、そねみ、ねたむ心を、ことごとくそなえていること。

生死をはなるる　迷いの生死を出離すること。生と死を分断して、生にとらわれ、死を畏れる迷いの生活を超えること。

往生の正因　目覚めてまことの国に生まれる因《たね》。悪人の自覚こそ、目覚めゆく因である。

〔現代語訳〕

善人《ぜんにん》でさえ往生を遂《と》げるのであるから、まして、いわんや悪人《あくにん》はなおさらである。それを、世間の人は、常に言う、悪人でさえ、なお往生する。いかにいわんや善人はなおさらだと。このくだり、一応その理屈が通っているように見えるが、阿弥陀の本願他力の意趣《いしゅ》に背いている。そのわけは、自力《じりき》、つまり、自らの力で励んで善行を積む人は、ひとえに、阿弥陀の本願に帰依する心が欠けているので、阿弥陀の本願の対象になる人ではない。そうであるが、自力で仏になることが不可能だと自覚して、自力の心をひるがえして、阿弥陀の本願に帰依すれば、真実報土《しんじつほうど》の往生を遂げるのである。煩悩《ぼんのう》に縛られている私たちは、どのような行《ぎょう》によっても迷いを離れることができないということを阿弥陀仏は憐《あわ》れまれて、誓願《せいがん》を起こされたのである。その願を起こされた本意は、悪人を仏にさせるところにあるのだから、他力に帰依する悪人こそが、最も往生の因《たね》を持った者なのである。だから、善人でさえも往生するのであるから、まして悪人はなおさらだと、おおせられたのである。

われわれは、自分にとって都合のよい人を善人と呼び、都合の悪い人を悪人と呼ぶ。眼が外を向いている限り、自分は善人としか映らない。眼が内を向くと、悪人である自分が見えてくる。碩学、川瀬《かわせ》和敬《わけい》（真宗教学者）は言う。

善人は虚像であり、悪人は実像である。(6)

と。悪人とは、自身における自覚のことばである。他人に対して言うことばではない。

普通に考えれば善人でさえ救われるのであるから、悪人はなおさら救われると言うのは、いささか常識に合わないように思われる。

しかし、仏の側から見れば、みんな悪人である。自己の悪を自覚したものこそ救われると言えば、そのまま うなずける。善人として虚勢を張り、自己の偽善の姿が見えてきたとき、真に人間性を回復できるのである。

画家であり、僧であった高光一也《たかみつかずや》（元金沢美術工芸大学教授）は言う。

仏の方を向いても仏はいないが、汚ない自分を見ると仏に遇える。(7)

落ちこぼれである自分が、落ちこぼれであるとは思えない。やっぱり、自分はかわいい。自分は結構やっていると思いたい。

しかし、親鸞は、それすら許さない。如来の眼に照らされると、自分は、愚か者、つまり、罪悪深重、煩悩熾盛《ぼんのうしじょう》、穢悪汚染《えあくわぜん》、悪人凡夫、具縛《ぐばく》の凡愚、凡夫底下、と言う。

人間は、悲しいかな、自分で自分のありのままの姿が見えない。唯一、人間の都合を超えた仏のみが、そのありのままを知らせる。仏は難しい学問を極めたかなたにましますのではない。また、難しい修行の果てに出遇うのでもない。そう説く仏教もあるかもしれない。しかし、親鸞は違う。仏はましましそうもないところに、まします。私自身に眼を向けたとき、すでにそこで出遇えるのである。汚い自分を照らし出してくるものが仏だったのである。

〝私を見ても私は見えない。法を見ると私が見える。〟

親鸞は言う。

法身はいろもなし、かたちもましまさず。しかればこころもおよばれずことばもたえたり。

（『唯信鈔文意』）

仏とは色も形もなく、眼にも見えない。それゆえ、仏の存在すら疑う者がいる。色も形もない。しかし、はたらきがある。

仏を風にたとえることができる。風は色もなく、形もなく、ことばも絶えている。しかし、はたらきがある。木々がソヨソヨとゆれていると、あるいは、戸がゴトゴトと鳴っていると、われわれは風があると言う。つまり、風のはたらきをとおして、風の存在にうなずいているのである。

同様に、仏も、色も形もないがはたらきがある。どんなはたらきかと言えば、智慧と慈悲というはたらきである。それらは「智慧の光明」「摂取《せっしゅ》の心光」と、光にたとえられる。「智慧の光明」によって、ありのままの自分、汚い自分を知った者は、素直に仏の存在にうなずける。それを、仏を信知するとか、感知すると言う。逆に、その存在にうなずけないことを仏智疑惑《ぶっちぎわく》と言う。それは、祈る対象として言われるのではない。照らされる光の源についてである。自己の滅罪と福徳を祈る対象として仏を見るならば、それもやはり、仏智疑惑である。一心に滅罪と福徳を祈るのであるから、あたかも信心深く思えるが、仏の照らすはたらきを信知していないのであるから、仏智を疑っていることに変わりない。「智慧の光明」に照らされることによって、われわれは、悪人であることを知る。

〝我、如来ましますがゆえに信ずるに非ず、我、信ずるがゆえに如来まします。〟

これは、清沢満之のことばを筆者がアレンジしたものである。対象化した如来（仏）がましますから信ずるのではない。それなら、鰯の頭や石ころでもいい。そうではなく私が信じる、つまり、聞き、学ぶところに、如来は智慧として来現するのである。如（ダルマ、真理）からやって来るので如来と言うのである。智慧の光明が届いてくるのである。私は立派で聞く必要がないと言う者、あるいは、自分の欲望を満たすために仏を利用しようとする者には、仏は届いてこない。その思いを仏智疑惑《ぶっちぎわく》と言うのである。

〝私が学ぶ（聞く）ところに仏（智慧）はやって来るのです。
だから、「如来」と言うのです。〟

親鸞は、前の第二条で言う。

いずれの行もおよびがたき身なれば、とても地獄は一定《いちじょう》すみかぞかし。

と。仏に照らされることなくして、自分自身を自らの力でいくら磨いても、人間らしさは、とても回復できない。もともと、地獄が、私の定まった住処《すみか》であるとの意である。「地獄一定」とは、底下の自覚である。落ちこぼれの自覚である。悪人の自覚とは、そういう世界である。最底辺の地平に立つことである。最底辺に立つほど安心できる世界はない。また、それほど強い世界はない。何も失うもののない強さである。つまり、自らが落ちこぼれの自覚を持つことこそ、まさに安心できる世界である。それは、いわば、上下の〝ものさし〟を超えた世界である。親鸞自身、第十三条に、

うみかわに、あみをひき、つりをして、世をわたるものも、野やまに、ししをかり、とりをとりて、いのちをつぐともがらも、あきないをもし、田畠《でんぱく》をつくりてすぐるひとも、ただおなじことなり

と示されるように、社会的にも底下に身を置いていた。

また、『唯信鈔文意』では、

りょうし・あき人さまざまのものは、みないし・かわら・つぶてのごとくなるわれらなり

と言い、その、いし・かわら・つぶてのごとくなるわれらが、

よくこがねとなさしめんがごとし（「能令瓦礫変成金《のうりょうがりゃくへんじょうこん》」）

と、金《こがね》に転ぜられると言う。

その底下の悪人の自覚こそが、真に、人間を人間たらしめる立場であると言う。悪を断ち切るのではない。一般仏教で言う断惑証理《だんなくしょうり》、つまり惑いを断じて（真）理を証するのではない。また、廃悪修善《はいあくしゅぜん》、悪を廃して善を修するのでもない。

悪を断ち切ろうとしても、断ち切れない。不可能である。それは、私にとっては及びがたい道である。もし、できるとするならば、それは偽善となるのみである。

無明煩悩《むみょうぼんのう》われらがみにみちみちて、欲もおおく、いかり・はらだち・そねみ・ねたむこころおおくひまなくして、臨終の一念にいたるまでとどまらず、きえず、たえず

（『一念多念文意』）

むしろ、その煩悩を真に自覚することが、人間らしさを回復する道である。親鸞は、

不断煩悩得涅槃《ふだんぼんのうとくねはん》（煩悩を断ぜずして涅槃を得る）

（『教行信証』・「正信偈」）

と言い、

転悪成善《てんまくじょうぜん》（悪を転じて善と成す）

（『教行信証』・「信巻」）

と言う。さらに、

転ずというはつみをけしうしなわずして、善になすなり。

（『唯信鈔文意』・『真宗法要』所収本）

と言う。また『高僧和讃』には、

罪障功徳《ざいしょうくどく》の体となる

こおりとみずのごとくにて

こおりおおきにみずおおし
さわりおおきに徳おおし

と言う。罪障の自覚が深ければ深いほど、それが功徳の本質となる。ちょうど、氷が多ければ多いほど、解けた水が多いのと同じだとたとえる。

悪人、底下の自覚が、真に人間性回復の道となると言うのである。

教育の場では、みんな数値で測られ、みんなエリートをめざし、みんなエリートを気どる。落ちこぼれは、切り捨てられ、教室の片隅に追いやられる。そして、そのエリート気どりの者も、さらにその上位の世界でいつしかエリートのレールから脱落し、生きる気力さえ失ってしまうのだが……。たまたま、レールから脱落せずとも、そこには、人を人とも思わぬ、血の通わない人間性喪失の冷たい世界がある。また、そのエリートには、エリートという仮面に縛られ、息つくひまもなく、ビクビクしたガラスのごとき生活がある。

何が善やら、何が悪やらわからない。何が上やら、何が下やらわからない。しかし、自己を超えたものとの出遇いによって、自ら、悪人、底下の自覚をすることによってこそ、真に安住できるのである。上下を超え、〝ものさし〟を超えることこそ、人間が人間になっていく道である。悪人成仏である。悪人の自覚とは、そういう広い、かつ強い世界である。

むろん、それが、どこまでも自覚の立場であり、好んで悪を犯す立場ではないことは言うまでもない。

〝迷いを離れて救いがあるのではない。迷いが材料となって救われていくのです。悩みの種に悟りの花が咲くのです。〟

八　すえとおりたる慈悲——同情の限界

〔第四条〕

一　慈悲《じひ》に聖道《しょうどう》・浄土《じょうど》のかわりめあり。聖道の慈悲というは、ものをあわれみ、かなしみ、はぐくむなり。しかれども、おもうがごとくたすけとぐること、きわめてありがたし。浄土の慈悲というは、念仏して、いそぎ仏《ぶつ》になりて、大慈大悲心をもって、おもうがごとく衆生を利《り》益《やく》するをいうべきなり。今生《こんじょう》に、いかに、いとおし不便《ふびん》とおもうとも、存知《ぞんじ》のごとくたすけがたければ、この慈悲始終なし。しかれば、念仏もうすのみぞ、すえとおりたる大慈悲心にてそ

〔語註〕

慈悲　苦を抜き、楽を与えること。

聖道・浄土　自分の力によって、真実をさとろうとする聖の道、聖道門と、仏に照らされて、本願のはたらきによって浄土に生まれて、仏となる浄土門。

聖道の慈悲　人間の心に基づく善行からなされる慈悲行。

もの　生きとし生けるもの。

ありがたし　有ることが難い。まれである。

浄土の慈悲　人間の立場をひるがえした

うろうべきと云々

ところに、気づかされる仏の慈悲。仏のはたらき。

存知のごとく　思うように。

始終なし　一貫しない。徹底しない。

すえとおりたる　最後まで一貫した。徹底した。

〔現代語訳〕

慈悲《じひ》に聖道《しょうどう》・浄土《じょうど》の「かわりめ」がある。聖道の慈悲というのは、ものをあわれみ、かなしみ、はぐくむことである。しかしながら、思うように人をたすけ遂《と》げることは、きわめて困難である。浄土の慈悲というのは、念仏して、すぐさま仏《ぶつ》になって、仏の大慈大悲心をもって、思うように衆生を利益《りやく》する、つまり、たすけることを言うのである。この世で、いかに、いとおしい、可哀そうと思っても、思うように人々を助けることが困難なので、この慈悲は一貫しない。だから、念仏を申すことのみが一貫した大慈悲心なのであると云々。

聖道の慈悲とは、ものをあわれみ、かなしみ、いつくしむ心である。美しい心である。それは、仏教というより、人間の常識であり、人情である。

しかし、人間にとって、素直に人に物を施すことができるだろうか。まったく何の邪心もなく、あわれみ悲しみ、はぐくむことができるだろうか。

「してやった」あるいは「教えてやった」という思いが、執拗《しつよう》についてまわる。同時にそこには、してやった側と、してもらった側に、微妙な上下関係すら生ずる。同情という美しいことばの裏に、私のさげすむ心が見え隠れする。

ある養護施設の園長が、在園している少女との交換日記に、こんな文章があったと紹介してくれた。

私はどんなに明るいあしたを夢みても私はどんなに未来に希望をふくらませても、ふうせんを針で突き刺すと、それがしぼんでしまうように、

私の胸を突き刺し、夢をしぼませるたった一つのきらいなことばがあります。

それは、「施設の子はかわいそう」ということばです。

「かわいそう」ということばが、逆に、少女を傷つけている。こんな「あわれみ」と「同情」は、さげすみにほかならない。

われわれは、自分を基準に人を見ていく。自分より下がいないと、自分の「中流」が確かめられない。みんなだれかを踏み台にして、中流意識に安んじている。少女は、それを知っている。また、一方では、自身の欲望との葛藤もある。そこに、人間の慈悲、人間の限界がある。

親鸞は、自らのそんな不純さを歎く。

　是非しらず邪正《じゃしょう》もわかぬこのみなり
　小慈小悲もなけれども
　名利に人師をこのむなり
　　　　　　　　　　　　　　（『正像末和讃』）

人間の心に基づいて、その努力から成り立つ慈悲行は、やはり、どこまで行っても、エゴがまじり、すえとおったものにはならない。所詮、「雑毒《ぞうどく》の善」である。凡夫にはできない。

しかし、それは、「ものをあわれみ、かなしみ、はぐくむ心」を否定しているのではない。自己の不純さを歎いているのである。人間の限界を指摘しているのである。

その自覚ができたとき、如来の慈悲がわかる。それが「かわりめ」である。聖道の慈悲と浄土の慈悲と二種類あって、どちらかを選ぶのでもない。また、ここでは両者の違いを論じているのでもない。また、聖道の慈悲を否定しているのでもない。私自身が「あわれみ、かなしみ」の聖道の慈悲の限界を知って、仏の大慈悲に目覚める、その体験を言っているのである。仏の慈悲は、人間の我執を離れた平等の慈悲である。「かわりめ」とは、「違い」の意ではなく、文字どおり「変わり目」の意である。

仏心というは大慈悲これなり。無縁の慈をもって、もろもろの衆生を摂す。

（『観無量寿経』）

念仏申す身になると、如来の慈悲が、知らされてくる。善導は、

学仏大悲心《がくぶつだいひしん》（仏の大悲心を学ぶ）

と言う。学ぶとは、仏の大悲心を学ぶことである。私を、真実の人間にさせずにはおかないという、如来のはたらきが大慈悲である。教師は、生徒に「教えてやった」「してやった」という思いに、いつまでたってもとらわれる。教え、恵むという限り、上下もでき、不純である。やはり「雑毒の善」である。

そこには、共感し、共鳴しあえる世界はない。痛みをともにする世界もない。

名利と人師を好む自己が問われてきてはじめて、念仏申す身になれる。念仏申す身になれるということは、一切諸仏に学ぶ眼を持つということである。教師も生徒も互いに学び

あうところにのみ、如来の大慈悲が感知できるのである。大慈悲に目覚めるとは、同時に、如来の慈悲の一翼を担っていくことでもある。これが常行《じょうぎょう》大悲の益《やく》である。

人が人に施しを与えることは、大切なことである。しかし、それが完全な救いにはならない。そのことの限界を知り、大いなるものに生かされていることに気づかないかぎり、私における本当の満足はない。なぜなら欲望は無限であり、決して満たされることはなく不満が出る。絶対満足は、人からの「あわれみ、悲しみ」によっては得られない。その「得られない」という限界を問いとして、自分を問いかえしたとき、欲望の「ものさし」がくだかれて、すでに「得ていた」「一切が賜わりもの」と知らされたとき、本当の満足がある。その体験こそが「かわりめ」であり、自力《じりき》から他力への「回心《えしん》」である。(8)

〝かける願いはよくわかるが、かけられている願いにはなかなか気づけない。〟

その願いに気づいたとき、「そのみ(身)に満足す」(『尊号真像銘文』)るのである。

九　有縁を度すべきなり——道徳を超える

〔第五条〕

一　親鸞《しんらん》は父母《ぶも》の孝養《きょうよう》のためとて、一返《いっぺん》にても念仏もうしたること、いまだそうらわず。そのゆえは、一切《いっさい》の有情《うじょう》は、みなもって世々《せせ》生々《しょうじょう》の父母兄弟なり。いずれもいずれも、この順次生《じゅんじしょう》に仏《ぶつ》になりて、たすけそうろうべきなり。わがちからにてはげむ善にてもそうらわばこそ、念仏を回向《えこう》して、父母をもたすけそうらわめ。ただ自力をすてて、いそぎ浄土のさとりをひらきなば、六道四生《ろくどうししょう》のあいだ、いずれの業《ごう》苦《く》にしずめりとも、神通方便《じんずうほうべん》をもって、まず有《う》

〔語註〕

孝養　追善供養。

有情　生きとし生けるもの。

世々生々の　遠い過去から、いくたびも生まれかわってきた間の。

順次生　次の生。現生の次に生まれかわった生。

回向　ここでは自力回向、供養の意。自分の積んだ善根功徳を他のために回《めぐ》らしふり向け、自分が仏になるためのもとにすること。

たすけそうらわめ　たすけもしましょう。

縁《えん》を度《ど》すべきなりと云々

浄土のさとり　他力の念仏によるさとり。

六道四生　六道は、あらゆる迷いの世界、地獄、餓鬼、畜生、修羅、人間、天上。四生は、迷いの世界におけるあらゆる生物。胎生、卵生、湿生、化生、という生まれ方をするもの。

業苦　悪業の報いとしての苦悩。

神通方便　人々を救済する仏の自由自在な手だて。

有縁を度す　縁のある者を救済する。

〔現代語訳〕

私、親鸞《しんらん》は父母《ぶも》の追善供養のためと思って、一返《いっぺん》も念仏を申したことがない。そのわけは、一切《いっさい》の生きとし生ける者は、すべてが生まれ、死に代わる間に父母であり、兄弟姉妹だったのである。いずれの人であっても、この次の生《しょう》に仏《ぶつ》になって、救われるからである。わが力にてはげむ善であるならば、念仏の功徳を仏に回《めぐ》らし向けて、父母をも助けることができるであろう。ただ自力《じりき》行を捨てて、いそぎ浄土のさとりを開いたならば、六道四生《ろくどうししょう》のあいだ、悪業の報いとしての苦悩に沈んでいても、仏の神通方便《じんずうほうべん》をもって、まず縁ある人を救うべきであると云々。

生徒らしく、青年らしく、あるいは、生徒はこうあるべきだ、青年はこうあるべきだ。大人はいつも、青年に要求し、青年はいつも、それに反発する。家庭の中では、親は、わが子に「良い子」のワクを押しつけ、それを管理しようとする。

学校の中も同じである。ある少年が言っていた。生徒手帳には、「生徒の心得」として二百以上の細かな生活規範が書いてあると……。

抑圧は、必ず崩壊を呼ぶ。今日の少年たちの多くの問題の根底には、管理社会の問題がある。

厳しい道徳や管理は、人間をたてまえの世界に追いやり、本音の部分を、ますます見えなくしていく。

『歎異抄』の第四条から第五条、さらに第六条に及んでは、道徳的徳目そのものを否定する。

たとえば、前の第四条の聖道慈悲として示される「ものをあわれみ、かなしみ、はぐくむ」立場、今条に示される父母《ぶも》に孝養する立場、さらに、第六条の師や長に仕える立場が、すべて否定されている。もちろん、そのことがうまくなされれば、人間社会を円滑にすることは、言うまでもないが……。

しかし、押しつける形で、それが可能か否か、あるいは、その徳目を守ることが自己にとって、可能か否か。

さるべき業縁のもよおせば、いかなるふるまいもすべし（第十三条）

情況によっては何をしでかすかわからぬわが身である。

往生のために千人ころせといわんに、すなわちころすべし。しかれども、一人にてもかないぬべき業縁《ごうえん》なきによりて、害せざるなり。わがこころのよくて、ころさぬにはあらず。また害せじとおもうとも、百人千人をころすこともあるべし（第十三条）

（往生のために人を千人殺せと言われたら殺すべきである。しかし、あなたは一人たりとも殺すべき「業縁」がないから殺せないであろう。それは、あなたの心がよくて殺さないのではない。また、殺さないでおこうと思っていても、「業縁」によって百人千人を殺すこともあるのである）

たまたま、そうならないだけである。

あわれみ、かなしみを押しつけても、たてまえではそうなるかもしれない。しかし、本音ではどうか。父母の孝養を言ってもしかり、師長の礼節を言ってもしかり。

道徳は、所詮、他人を裁くめやすにしかならない。他人を管理する規範にすぎず、自分はいつも「良い子」である。

第十三条に、
あるいは道場にはりぶみをして、なむなむのことしたらんものをば、道場へいるべからず、なんどということ、ひとえに賢善精進《けんぜんしょうじん》の相をほかにしめして、うちには虚仮《こけ》をいだけるものか。
＊賢善精進　賢く善を積んで精進すること。
＊虚仮　うそいつわり。
という一文がある。

賢善精進の相とは、賢く善行を積み、精進して、立派な人間になっていくことである。虚仮とはうそいつわりである。つまり、道徳や管理の世界は、外面《そとづら》は賢《かしこ》ぶって、内にいつわりをいだくものである、という言である。

もともと、この文は、中国の善導の『観経疏《かんぎょうしょ》』の、

不《ふ》得外《とくげ》現賢善精進之相内懐《げんけんぜんしょうじんしそうないえ》虚仮《こけ》

という文に基づいている。一般的には、この文は、

外に賢善精進の相を現じ、内に虚仮を懐くことを得ざれ。（『浄土宗全書』）

と読まれる。つまり、外面に賢い相をして、内にうそ・いつわりを懐くことをしてはいけない。内も外も賢く立派でありなさい、という意味である。しかし、親鸞は、

外に賢善精進の相を現ずることを得ざれ、内に虚仮を懐けばなり。

（『教行信証』・『愚禿鈔』）

と読む。つまり、外面に賢い相を現わすことをしないでおこう、なぜなら内面にうそ・いつわりを懐いているではないか、と読んでいる。それを『唯信鈔文意』には、

「不得外現賢善精進之相」というは、あらわにかしこきすがた、善人のかたちをあらわすことなかれ、精進なるすがたをしめすことなかれとなり。そのゆえは「内懐虚仮」なればなり。内はうちという、こころのうちに煩悩を具せるゆえに、虚なり、仮なり、虚はむなしくして実ならぬなり。仮はかりにして真ならぬなり。（中略）この信心はまことの浄土のたねとなり、みとなるべしと、いつわらず、へつらわず、実報

土のたねとなる信心なり。しかればわれらは善人にもあらず、賢人にもあらず、賢人というは、かしこくよきひとなり。精進なるこころもなし、懈怠《けたい》のこころのみにして、うちはむなしくいつわり、かざり、へつらうこころのみ、つねにして、まことなるこころなきみなりとしるべしとなり。

と釈す。

賢く外を飾るな、愚かな内を直視せよ。その聞信が、報土（救われた世界）の因《たね》となると言うのである。まさに、人間性の回復は、外を飾ることなく、本音を直視することから始まるのである。たてまえの善は、「雑毒《ぞうどく》の善」である。不純な善である。

親鸞自身、

賢者《けんじゃ》の信は、
内は賢にして外は愚なり
愚禿《ぐとく》が心は、
内は愚にして外は賢なり
（『愚禿鈔』）

と自らを悲歎する。この悲歎が自らを愚禿（親鸞自身のこと）と呼ばしめたのである。

父母《ぶも》の孝養や慈悲は、徳目として、他律的になされるのではない。及びがたいという自らの厳しい悲歎と自覚をとおして、内面から、自《おの》ずと出てくるものである。

今、親鸞は、父母《ぶも》孝養のために、一返も念仏を申したことがないと言う。なぜなら、第一に、長くて遠い眼で見れば、生きとし生けるものすべてが父母兄弟ではないか、そして、次の世には仏になって救われるのだと言い、第二に、もともと念仏は、自分の力で励むものでもないし、その功徳を仏にふり向けて、父母が助かるわけでもない、自分に功徳を積む力などあろうはずがないからだと言う。

つまり、まずわが父、わが母だけという我執が指摘され、さらに、父母を助けることができない自分が悲歎され、同時に、念仏がそういう罪福《ざいふく》や冥福を祈るものでないことが示されている。

念仏の意義については、後に述べることとするが、父母とは、どこまでも諸仏性を示すことばで、自身が学ばされるものである。父母に追善供養してやるなどと言うのは、傲慢《ごうまん》甚しい。父母といえども、私を真実の人間にさせずにはおかないという、大いなる願いの中の諸仏である。どこまでも、私を学ばしめるものである。神通方便をもって——。

神通方便と言うと、何か不思議な神通力を思うがそうではない。時代と場所と空間を越えてはたらいてくる、はたらき方を言っているのである。たとえば、釈尊は、三千年前にインドにて、その肉体は滅した。しかし、私の眼前には釈尊がまします。親鸞は、七百五十年余り前に、京都にて入滅している。しかし、現に、私は親鸞に出遇い、親鸞に教えられている。時空を越え、釈尊も親鸞も、涅槃に住しながら、穢土の私にはたらきかけてくる。それがまさに神通方便である。

親鸞は言う。

いそぎ浄土のさとりをひらきなば、六道四生《ろくどうししょう》のあいだ、いずれの業苦《ごうく》にしずめりとも、神通方便《じんずうほうべん》をもって、まず有縁《うえん》を度《ど》すべきなり

まず、自らが一切のものに諸仏として学び、人間らしさを回復することが、本当の意味で有縁の人々を助けていくことである。

親鸞は、道徳の徳目のごとく他から規制し、ワクにはめることを否定している。そして、そのことによっていよいよ自身が及びがたき身であることを信知し、逆にそれが本願に目覚める否定媒介つまり、方便であると示しているのである。

十　親鸞は弟子一人ももたず——諸仏と仏弟子

〔第六条〕

一　専修念仏《せんじゅねんぶつ》のともがらの、わが弟子ひとの弟子、という相論のそうろうらんこと、もってのほかの子細なり。親鸞《しんらん》は弟子一人《いちにん》ももたずそうろう。そのゆえは、わがはからいにて、ひとに念仏をもうさせそうらわばこそ、弟子にてもそうらわめ。ひとえに弥陀《みだ》の御もよおしにあずかって、念仏もうしそうろうひとを、わが弟子ともうすこと、きわめたる荒涼《こうりょう》のことなり。つくべき縁《えん》あればともない、はなるべき縁あれば、はなるることのあるをも、師をそむきて、ひと

〔語註〕

専修念仏　他の行をまじえないで、ひとすじに本願を信じ、専ら念仏を修すること。

もってのほかの子細　思いもよらぬこと。許し難いこと。

わがはからい　自分の企てや力量。

御もよおし　はたらき。手まわし。

荒涼　とんでもないこと。途方もないこと。

ひとにつれて　人に従って。

不可説　説くべきでない。言語道断。

につれて念仏すれば、往生すべからざるものなりなんどいうこと、不可説《ふかせつ》なり。如来《にょらい》よりたまわりたる信心を、わがものがおに、とりかえさんともうすにや。かえすがえすもあるべからざることなり。自然《じねん》のことわりにあいかなわば、仏恩《ぶっとん》をもしり、また師の恩をもしるべきなりと云々

自然のことわり　自然の道理。本願他力のなすままに。

〔現代語訳〕

専修念仏の同朋たちの間で、わが弟子・人の弟子という言い争いがあるということ、許し難いことである。「親鸞は弟子一人も持たない」。そのわけは、わがはからいによって、人に念仏を申させたならば、弟子にてもあろう。そうではなく、ひとえに弥陀の御もよおしにあずかって、念仏を申される人を、わが弟子と申すことは、とんでもないことである。つくべき縁あればともない、離れるべき縁あれば離れるものである。そうであるのに、師に背いて、人に従って念仏すれば、往生しないなどと言うことは、言うべ

きでない。如来よりたまわった信心を、わがもの顔に、とりかえさんと申すことは、かえすがえすもあるべきことではない。自然《じねん》のことわりに相適《かな》い、仏恩《ぶっとん》をも知り、また、師の恩をも知るべきであると云々。

弟子が集まり勢いの大なるを勝と思い、勢いの小なるを劣と思う。人が来れば楽しく、去れば淋しい。名利と人師を好むのは、いつの世も同じである。

親鸞は「名利に人師をこのむなり」と、わが身をどこまでも歎異する。もともと「ひとえに弥陀の御もよおしにあずかって、念仏もうしそうろうひと」なるがゆえに、すべて仏弟子と言う。

弟子を持たないということは、自らが弟子であり、学徒のままであるということでもある。正しく仏に聞信する学徒である。親鸞においては、よきひと、法然のおおせをこうむりて信ずるほかに何の方法もないと言う。先だつ、諸仏としての法然にひたすら学ぶのみである。

『御文』一帖目第一通に、親鸞のことばとして、

親鸞めずらしき法をもひろめず

と言い、『高僧和讃』では、

智慧光《ちえこう》のちからより
本師源空《ほんじ》あらわれて
浄土真宗をひらきつつ
選択《せんじゃく》本願のべたまう

と、浄土真宗は法然が開いたとすら言う。徹底して学徒である。

親鸞は、先だつ念仏者を諸仏と仰ぐ。阿弥陀は仏の徳の総称で「一切諸仏の智慧をあつめたまえる」(『唯信鈔文意』)仏であり、また、阿弥陀は「この如来微塵世界《みじんせかい》にみちみちたまえり」(同上)と言う。念仏者は、みんな阿弥陀のはたらきの中にある。みんな真如(真理)からやって来たものである。如来とは、「如より来生せるもの」(『無量寿経』)、真如のはたらきそのものである。そのはたらきを担うものが、諸仏如来である。

聖道門では、師は一人である。一生を尽くして、これぞわが師と仰げる人を求め、ひたすら歩む。浄土門は逆である。無数の師を仰ぐ。有縁の人師に出遇い、ひとたび法に触れると、一切が遇法の諸仏と仰がれてくる。念仏の人、信心の人、私を真実の人間にさせずにおかないと教えるもの一切が、諸仏として仰がれてくる。

あの『観無量寿経』の王舎城《おうしゃじょう》の悲劇に登場する阿闍世《あじゃせ》の悪友、提婆達多《だいばだった》までが、「提婆尊者《そんじゃ》」（『浄土和讃』）と尊ばれ、その登場人物すべてが、「権化《ごんけ》の仁《にん》」として、諸仏と仰がれる。親鸞は、悲劇そのものが、すべて、私を仏法に遇わせるための如来の差し遣わした手だてであると言う。気がついたら、そういうはたらきのまっただ中に、私は存在していたのである。自己の分別やはからいを離れると、師も弟子もない。如来の意のままである。

まったく、

つくべき縁あればともない、はなるべき縁あれば、はなるるである。如来の世界は、測り難い。それを測ろうとすると「師をそむきて、ひとにつれて念仏すれば、往生すべからざるものなり」などと、離れる者を追う愚痴に身をこがす。「自然《じねん》のことわりにあいかなわば」、名聞・利養も「そらごとたわごと」に見えてくる。人師にならずとも「自分は自分」、「私は私」と落ちつける。自然に生きる世界は、独立者の満足を知る世界である。そこでは、自《おの》ずと、「仏恩をもしり、また師の恩をもし」られて、静かな世界が開かれてくる。

教師と生徒が、互いに諸仏を念じあうところにそれぞれの落ちつける世界がある。肩を怒らせ、虚を張る必要もなく、胸を閉ざして、卑下する必要もない。

十一　無碍の一道――迷わぬ強さ

〔第七条〕

一　念仏者は、無碍《むげ》の一道なり。そのいわれいかんとならば、信心の行者には、天神地祇《てんじんじぎ》も敬伏《きょうぶく》し、魔界《まかい》外道《げどう》も障碍《しょうげ》することなし。罪悪も業報を感ずることあたわず、諸善もおよぶことなきゆえに、無碍の一道なりと云々

〔語註〕

天神地祇　天の神、地の神。

魔界外道　悪魔と迷信。

〔現代語訳〕

念仏者の歩む道は、何事にも碍《さまた》げられない無碍の一道である。そのわけはどうしてかと言えば、信心の行者には、天の神・地の神も敬ってひれ伏し、魔界の者も仏教以外の道を歩む者も碍げることがないからである。また、罪悪も行為の報いも感じられない。

さまざまな善行も念仏には及ばないので、「無碍《むげ》の一道」であると云々（あらゆるものが否定媒介として念仏を勧め、結果的に護っているのである）。

「無碍の一道」とは、自在の世界である。自然《じねん》のことわりにかない、何を言われても、迷う必要のない「広大会《こうだいえ》」である。

天神地祇、魔界外道に恐れるのは、その虚妄《こもう》に縛られた自閉的世界である。何か自分を左右する不思議な力を信じて、それを祈るのは、人間の弱さのあらわれである。内なる魔にとらわれた世界である。

念仏者は、魔界外道を恐れなくてもよいようになると言う。恐れない人間になれば、魔界外道も、あってなきが如くである。他の善も要にあらずということになる。

念仏は、魔界外道に罪福《ざいふく》を祈る呪文ではない。それは、どこまでも私を破る如来の智慧である。その意味では、天神地祇を天神地祇と、魔界外道を魔界外道と知らしめてくれるのも智慧の念仏である。

〝迷っているときには、それが迷いとは、わからない。
正信に出遇ってはじめて、迷信と知る。〟

念仏との出遇いによって、卜占祭祀《ぼくせんさいし》に迷っていた自分が見えてくる。それが見えてくると迷う必要がなくなってくる。罪悪も業報《ごうほう》も感ずる必要がなくなってくる。

しかし、その内なる神祇《じんぎ》性は、

五濁増《ごじょくぞう》のしるしには
この世の道俗《どうぞく》ことごとく
外儀《げぎ》は仏教のすがたにて
内心外道《げどう》を帰敬《ききょう》せり
かなしきかなや道俗の
良時吉日えらばしめ
天神地祇をあがめつつ
卜占祭祀つとめとす　（『正像末和讃』）

＊五濁増　末代のあさましい世界。劫濁（時代の濁り）、見濁（思想の濁り）、煩悩《ぼんのう》濁（煩悩によ

る濁り）、衆生濁（生きとし生けるものの濁り）、命濁（命の濁り、命の尊厳がなくなること）の五濁が増してくること。

＊道俗　出家者と在家者。僧と世俗。

と、いつも問われつづけなければならない。なぜなら、常に私の中に外道がしのびよってくるからである。

迷信は、それが迷信なるがゆえに成就しない。だが、迷信は、正信を知らせる素材となる。迷った果てに、その効無きを知って、迷信の迷信たるを知って、正信に転ずる。外道もまた、仏の側から見れば、大悲のはたらきのうちである。

念仏に帰した門徒は「門徒もの忌み知らず」でよいのである。種々の迷信じみた、まじないやしきたりを知らなくても、安心して生きていけるのである。念仏者には、占いもいらない。祈禱もいらない。念仏者には、裸になった底知れぬ強さがある。

十二　念仏は非行非善なり——たまわる世界

〔第八条〕

一　念仏は行者のために、非行非《ひぎょうひ》善《ぜん》なり。わがはからいにて行ずるにあらざれば、非行という。わがはからいにてつくる善にもあらざれば、非善という。ひとえに他力にして、自力《じりき》をはなれたるゆえに、行者のためには非行非善なりと云々

〔語註〕

行者　修行者。ここでは念仏者。

非行非善　自分が修める行でもなく、自分が積む善根でもない。念仏は、仏の本願のはたらきである。

〔現代語訳〕

念仏は行者にとって、自分が修める行でもなく（非行）、自分が積む善根でもない（非善）。わがはからいにて行ずるのではないから非行と言う。わがはからいにてつくる

善でもないので非善と言う。ひとえに他力であって、自力を離れているので、行者のためには非行非善なのであると云々（仏の大行、大善である）。

念仏ほど、多くの人々に知られておりながら、誤解されていることばもない。「南無阿弥陀仏」が、何か祈りの呪文であると思っている人も、多いのではないか。

南無とは、梵語 Namas（ナマス）の音写である。中国では、それを「帰命」と訳した。帰命とは、本来的世界へ帰ることであり、それは真実《まこと》に対して自《おの》ずと頭が下がるという意味である。インドでは、今も「ナマステ」と合掌して頭を下げて挨拶する。その動作が、このことばの意味を示している。

阿弥陀も、梵語 Amitāyus（アミターユス）の音写である。中国では、無量寿と訳された。阿弥陀とは、われわれを真実の人間にさせずにはおかないという大いなる願いの根源、あるいはその願いを象徴したものと言ってもよい。本願とは、阿弥陀の本願である。

したがって、南無阿弥陀仏とは、直接的には、阿弥陀に南無する、無量寿に帰命するという意味である。

しかし、帰するには、その前に、すでに如来のはたらき、本願のはたらきがある。如来のはたらきを感知するところに、仏を仰ぎ、帰せられていく。それゆえ、親鸞は、南無・帰命を、如来招喚《しょうかん》の勅命《ちょくめい》、つまり、如来の呼び声、はたらきそのものと言う。

私の思議、はからいを超えた世界からの呼び声である。と同時に、それは死を一如に帰すべくはたらいている名である。名号である。自閉的世界に住する者には、それが自閉的世界であるとは、わからない。他なる世界からの呼び声、はたらきかけによって、はじめて気づけるのである。

したがって、念仏は称名念仏であり、観念として想うものではない。称《とな》え、呼び声として聞くものである。自分の口で称えても、それは如来の呼び声として聞くものである。聞くところに、私の我執が破られてくるのである。

親鸞は、それについて、

「称仏六字《しょうぶつ》」というは南無阿弥陀仏の六字をとなうるとなり、「即嘆仏《たんぶつ》」というは、すなわち南無阿弥陀仏をとなうるは、仏をほめたてまつるになると也、また「即懺悔《さんげ》」というは、南無阿弥陀仏をとなうるは、すなわち無始よりこのかたの罪業を懺悔するになるともうす也。（『尊号真像銘文』）

と言う。六字とは、南無阿弥陀仏である。念仏申すことによって、「よし」とする自分が見え、破られてくるのである。親鸞は、念仏を「智慧の念仏」と言う。如来の智慧が念仏によって、私を照らし、懺悔させてくるのである。汚い自分を照らしてくるのである。懺悔の後には、嘆仏と喜びがある。汚い自分が見えてくると、落ちこむのではなくて不思議と喜びがわいてくる。そして、照らしてくれたものが自《おの》ずと仰がれてくる。自ずと頭が下がるのである。われわれは、智慧の念仏によって、ようやくありのままの自分が見えてくる。

自閉に気づいたときは、すでに自在の世界に立っている。

〝誤りに気づいたとき、すでに誤りなき世界に出遇っている。〟

念仏が「非行非善」であるとは、念仏が、如来の行、如来のはたらきであるということである。決して、自分で修する行でも、自分で積む善でもない。

念仏を自分で修し、自分で積むのは、自分の都合の世界である。「わがはからいにて行ずる」立場である。念仏を手段とし、自分の我欲を祈る世界である。それは、仏を拝んでいるのではなく、自分の欲望を拝んでいるのである。

念仏を手段化するとは、何かをあてにすることである。

親鸞は、『教行信証』に『涅槃経』を引いて言う。

論議のためのゆえに、勝他のためのゆえに、利養のためのゆえに、諸有のためのゆえに、持読誦説せん。このゆえに名づけて「聞不具足《もんふぐそく》」とす（「信巻」）

念仏を手段化した立場には、「聞」（聞くこと、学ぶこと）がない。少なくとも、自己を歎異する念仏ではない。

ありのままの自己に出遇った者は、徳を積み、善を行ずることの不可能を知る（不回向＝この場合の回向は、衆生が積んだ徳を仏に回《めぐ》らし向けるの意）。「いずれの行もおよびがたき身」の自覚である。

逆に、わが身が照らされ、真実に帰せられていく如来のはたらきが、いよいよ感得されてくる（他力回向＝この場合の回向は、仏がその徳を衆生に回らし向けるの意。たまわるとの意）。その照らしてくるものの中には、私を真実に帰さずにはおかないという願いがこもっている。その願心がたまわってくるのである（本願力回向）。

念仏は、どこまでも如来のはたらきである。それゆえ、行者にとっては、非行非善である。念仏とは、如来の大行である。

ところで、この「非行非善」のことばは、われわれの立っている立場を、根底から考えなおさせてくることばである。

積めば積むほどよし、多ければ多いほどよし、高ければ高いほどよしとする進歩・発展・向上という立場が、「非行非善」と問いかえされてくるのである。

よりよく勉強し、よりよい学校へ入り、よりよい会社へ就職し、より多く給料をもらう。そのことを「よし」とする立場が、問われる。

あるいは、文明が発達し、科学が進歩することが「よし」とされる価値観が、問いなおされてくる。科学の発達は本当に「よい」ことなのだろうか。進み過ぎた科学や文明によって、逆に人類が滅びるやもしれぬ。行善を積み、向上のみをよしとする価値観が、このことばによって、問いかえされてくる。

われわれが「よし」とする立場は、考えてみれば、自分にとって都合がよいから「よし」としているのである。

されば、私たちが、今日まで積み上げてきたものまでが否定されてくる。それが、自我で塗り固めたものであるがゆえに……。音を立てて崩れてくる。如来は一点の不純も許さない。『歎異抄』はこわい書である。しかし、その向こうには、自在の世界がある。「非行非善」とは、人間のエゴに潜む行善を鋭く破る如来語である。

〝「私が……」、「私が……」、それが私を苦しめる。
苦しみの原因は私の心の中にあったのです。〟

十三　唯円房同じ心にてありけり——共感・共鳴・共学

〔第九条〕

一　「念仏もうしそうらえども、踊躍歓喜《ゆやくかんぎ》のこころおろそかにそうろうこと、またいそぎ浄土《じょうど》へまいりたきこころのそうらわぬは、いかにとそうろうべきことにてそうろうやらん」と、もうしいれてそうらいしかば、「親鸞《しんらん》もこの不審《ふしん》ありつるに、唯円房《ゆいえんぼう》おなじこころにてありけり。よくよく案じみれば、天におどり地におどるほどによろこぶべきことを、よろこばぬにて、いよいよ往生は一定とおもいたまうべきなり。よろこぶべきこころをおさえて、よろこばせざ

〔語註〕

踊躍歓喜　おどりあがるほどの喜び。天におどり、地におどり、身をよろこばせ、心をよろこばす。

おろそか　少ない。ゆるがせに。

いかにと　どうしたことでありましょうかと。

もうしいれて　たずね申す。

唯円房　常陸《ひたち》河和田（現在の茨城県水戸市）の住。聖人の門下で、『歎異抄』の著者と目される。

一定　決定していること。

るは、煩悩《ぼんのう》の所為《しょい》なり。しかるに仏かねてしろしめして、煩悩具足《ぐそく》の凡夫《ぼんぶ》とおおせられたることなれば、他力の悲願は、かくのごときのわれらがためなりけりとしられて、いよいよたのもしくおぼゆるなり。また浄土へいそぎまいりたきこころのなくて、いささか所労《しょろう》のこともあれば、死なんずるやらんとこころぼそくおぼゆることも、煩悩の所為なり。久遠劫《くおんごう》よりいままで流転《るてん》せる苦悩の旧里《きゅうり》はすてがたく、いまだうまれざる安養《あんにょう》の浄土はこいしからずそうろうこと、まことに、よくよく煩悩の興盛《こうじょう》にそうろうにこそ。なごりおしくおもえども、娑婆《しゃば》の縁《えん》つきて、ちからなくしておわるときに、かの土《ど》へはまいるべきなり。いそぎまいりたきこころなきものを、ことにあわれみたまうなり。これにつけて

所為　しわざ。

かねてしろしめして　すでに見通されて。

所労　病気。疲れ。

死なんずるやらん　死ぬのであろうか。

久遠劫　はるか昔。劫は長時をあらわす単位。

流転　六道をさまよい流れること。

苦悩の旧里　苦悩の多いわれわれの住むこの世界。

安養の浄土　安住できる清らかな世界。弥陀の浄土。

興盛　つよく盛んなこと。

ちからなくして　いたしかたなくて。やむをえずして。

かの土　彼岸。弥陀の浄土。

なきやらん　ないのであろうか。

あやしく　不審に。疑わしく。

こそ、いよいよ大悲大願はたのもしく、往生は決定《けつじょう》と存じそうらえ。踊躍歓喜《ゆやくかんぎ》のこころもあり、いそぎ浄土《じょうど》へもまいりたくそうらわんには、煩《ぼん》悩《のう》のなきやらんと、あやしくそうらいなまし」と云々

〔現代語訳〕

「念仏を申しても、踊躍歓喜の心がおこらないことはどうしたことでしょうか。また、いそぎ浄土へ参りたいという心がないのも、どうしたことでしょうか」と、親鸞聖人に申し入れれば、「親鸞《しんらん》もこの不審《ふしん》があります。唯円房《ゆいえんぼう》とおなじ心ですよ。よくよく案じてみれば、天におどり、地におどるほどに喜ぶべきことを喜ばないということであれば、いよいよ往生は必定と思うべきであります。喜ぶべき心をおさえて、喜ばせないのは、煩悩の所為《しょい》、仕業です。しかるに仏はかねて、知ろしめして、煩悩具足《ぐそく》の凡夫《ぼんぶ》とおっしゃっていることなので、他力の悲願は、このようなわれらのためであると知られて、いよいよ頼もしく思われます。また浄土へいそぎ参りたいという心がなくて、いささか病

気にでもなると、死ぬのではないかと心細く思うことも煩悩の仕業です。はるか昔から今まで六道をさまよい過ごした苦悩の旧里《きゅうり》は捨てがたく、未だ生まれざる安養《あんにょう》の浄土を恋しく思わないことも、まことに、よくよく考えれば煩悩が激しく盛んに興ったからです。名残惜しく思えども、娑婆《しゃば》の縁《えん》つきて、力なくして人生を終わるときに、かの土《ど》へ参るはずです。仏は、急ぎ参りたいという心のない者を、ことに憐《あわ》れんでくださっているのです。こうであればこそ、いよいよ仏の大悲大願は頼もしく、往生は決定と思われます。逆に、踊躍歓喜の心もあり、急ぎ浄土へも参りたいというのは、煩悩がないのではないかと、あやしく思われます」と云々。

親鸞は、「ただのひと」である。唯円と同じ位置に立っている。自らを飾ることもなく、肩を張ることもなく、「ただ」の位に立ち、本音をさらけ出している。「ともに」の位置である。楽な世界である。

高僧には高僧の体面がある。教師には教師の体面がある。エリートにはエリートの体面がある。体面を飾れば飾るほど、それに縛られる。そうなると逆に、人間は常に陰の世界を持つ。陰が本音かもしれない。

「良い子」のレッテルを張られれば張られるほど、陰で「悪い子」になってみたくなる。教師は、その体面のために、生徒に謝れない。

親鸞には、もともと、良い悪いのワクがない。念仏の一道に立っているから、体面も飾りも必要ない。あるがまま、なすがままの楽な世界に生きている。

賢《かしこ》ぶらない。煩悩具足をさらけ出している。むしろ、「よろこぶべきことをよろこべない」煩悩があるからこそ、逆に人間らしさを取り戻すことができるのだと言う。なぜなら、「他力の悲願は、かくのごときのわれらがためなりけりとしられて、いよいよたのもしくおぼゆる」とさえ言う。

煩悩のない聖者には、もともと仏教は必要なく、たてまえで聖者ぶっている者には、仏の教えはとどかない。

「落ちこぼれ」に立ってこそ、互いに心が通じあう。われわれは、少しぐらい賢い自分だと思いたくなるが、「仏かねてしろしめして、煩悩具足の凡夫とおおせられ」ている。煩悩具足の落ちこぼれが自覚できると、失うものは何もない。老いもこわくない、病いもこわくない、死もこわくない。生死の相対を超えて、融通無碍に落ちつける。

逆に、「踊躍歓喜のこころもあり、いそぎ浄土へもまいりたくそうらわん」者は、「煩悩のなきやらんと、あやしく」思えるのである。賢い優等生は、あやしくも思えてくるのである。

十四　不可称不可説不可思議――思議を超える

〔第十条〕

一　「念仏には無義をもって義とす。不可称不可説不可思議のゆえに」とおおせそうらいき。

〔語註〕

無義をもって義とす　人間の思慮分別を加えないことをもって本義とする意。

〔現代語訳〕

「念仏は、義（はからい）無きをもって本義とする。称《はか》ることもできない、説くこともできない、思議することもできないから」とおおせになりました。

念仏は、称ることも不可能、説くことも不可能、思議することも不可能である。仏意測りがたしである。人間のはからい（義）をまじえないのが本義であるという表現において、念仏の何たるかを表わしている。

わかる、わからないという問題ではない。わかる、わからないというのは人間のはからいである。念仏はそれを超えた世界である。都合や分別を超えた世界、つまり、利用しようとか、まにあわせようとか、手段化しようとか、ワクにはめようとか、決めようとか、そういうことのできない世界である。それらの思いが破れたとき、うなずける世界である。

もともと念仏は、老少、善悪、貴賤、道俗、貧富、賢愚、男女……を選ばずと言う。それは、単に間口を広げているということだけではない。念仏は、それらに、とらわれる必要のない世界であると言っているのである。不可称・不可説・不可思議とは、そういう思議、称らいがまにあわないことを言っているのである。そういう〝ものさし〟を超えた、広い世界である。

貴賤、貧富、賢愚……を支えとして自己を保っている者には、厳しいことばである。社会的地位が高いのがえらくて、低いのがえらくないのではない。金持ちが良くて、貧乏人はダメだと言うのではない。勉強がよくできるのが良くて、できないのはダメと言うのではない。真に人間として生きるとき、そんな〝ものさし〟は、「そらごとたわごと」である。

真に安住できるのは、それを超えた世界である。念仏は、そういう世界からの、いわゆる如来語であり、世俗語では測ることができない。そういう世界に立つと、一切が輝いて見え、一切に頭が下がると、如来は教えてくれている。

十五　親鸞一人がためなりけり――自覚と実存

〔後序（抄出一）〕

聖人のつねのおおせには、「弥陀《みだ》の五劫思惟《ごこうしゆい》の願《がん》をよくよく案ずれば、ひとえに親鸞《しんらん》一人がためなりけり。されば、そくばくの業《ごう》をもちける身にてありけるを、たすけんとおぼしめしたちける本願のかたじけなさよ」と御述懐《ごじゅっかい》そうらいしことを、いままた案ずるに、善導の、「自身はこれ現に罪悪生死《ざいあくしょうじ》の凡夫《ぼんぶ》、曠劫《こうごう》よりこのかた、つねにしずみ、つねに流転《るてん》して、出離の縁あることなき身としれ」（散善義）という金言に、すこしもたがわせおわしまさず。

〔語註〕

五劫思惟　法蔵菩薩《ほうぞうぼさつ》は五劫（劫は、はるかに長い時間の単位）の間、思惟を深め、すべてを救う四十八の本願を建立した。如来が人間の問題を思惟し尽くしたという意。

そくばく　たくさんの。

おぼしめしたちける　思い立ってくださった。

かたじけなさ　ありがたさ。申し訳なさ。

曠劫　はるか遠い昔。

出離　生死の迷いから離れること。

〔現代語訳〕

親鸞聖人の常のおおせには、「弥陀《みだ》の五劫思惟《ごこうしゆい》の願《がん》をよくよく案ずれば、ひとえに親《しん》鸞《らん》一人がためである。されば、たくさんの業《ごう》を持っている身であるのを、助けようと思い立ってくださった阿弥陀仏の本願のありがたさよ」と御述懐《ごじゅっかい》されたことを、今また案ずるに、善導大師の「自身は、これ現に罪悪生死《ざいあくしょうじ》の凡夫《ぼんぶ》であり、はるか昔より、このかた、常に沈み、常に流転して、迷いから出離する縁のない身であると知りなさい」（散善義）という金言に、少しも違っていないのである。

松陰の暗きは月の光かな

昔のお説教師から聞いた句である。松の陰が鮮やかに映るのは、まさに月の光が強いからにほかならない。曠劫より罪障の自覚が深ければ深いほど、それを照らす仏の光が仰がれてくる。また、逆に、仏の光が強ければ強いほど、わが身の罪障が深く自覚されてくる、と教えられた。両者は表裏一体である。自身は罪悪生死の身である。しかしながら、その自覚は、本願によるのである。本願に照らされ、本願に救われていくのである。

親鸞は言う。

一切の群生海《ぐんじょうかい》、無始よりこのかた乃至今日今時に至るまで、穢悪汚染《えあくわぜん》にして清浄の心なし。虚仮諂偽《こけてんぎ》にして真実の心なし。（『教行信証』・「信巻」）

自らを穢悪汚染・虚仮諂偽（諂偽＝へつらい、いつわること）と言う。汚い自分が見えてくるのは、本願のはたらきである。「されば、そくばくの業をもちける身にてありけるを、たすけんとおぼしめしたちける本願のかたじけなさよ」と、すでに本願に出遇っている。気がついてみたら、弥陀の本願は、私一人にかけられていたのである。

弥陀の五劫思惟の願をよくよく案ずれば、ひとえに親鸞一人がためなりけり。

これほど正確に、これほど深く、信をあらわしたことばはない。この「一人」は、私ひとりだけ助かれば、他はどうでもよいというエゴの「一人」ではない。主体的・実存的立場を示すことばである。「衆生をたすけんがため」（第一条）、「悪人成仏のため」（第三条）、「われらがため」（第九条）の本願が、今「親鸞一人がため」と受けとめられている。次第に、信仰の実存に徹しきっていく。私の全存在は、もちろん、おおげさに言えば、全人類を荷った「一人」である。全人類を一人に荷って本願に救われていくのである。有限が無限に、相対が絶対に、生身《なまみ》の人間が本願の大海に帰して行く瞬間である。

そして、そのわが身の自覚は、善導の、

自身はこれ現に罪悪生死の凡夫、曠劫《こうごう》よりこのかた、つねにしずみ、つねに流転して、
出離の縁あることなき身としれ

という金言に少しも違《たが》わないと言う。

ところで、「自身はこれ現に……」という「自身」も、実存的響きを持つことばである。全人類に罪悪を、すべて、私ごととして、一人の上に自覚している。決して、他人ごととして、いたずらに批判するのではなく、他人の痛みをわが罪障とする立場である。仏教では、それを「共業《ぐうごう》」と言う。共業、いわば、社会的罪悪、社会的煩悩《ぼんのう》（こんなことばが許されるかどうかわからないが）までも、「私一人」の上に痛みとして引き受けていくのである。われわれは、「わが身」を問うことなく社会に責任を転嫁しようとする。しかし、社会という何かがあるのではない。社会を作っているのも「わが身」である。しかも、その自覚は、いつも「現に……」である。きのうも「現に」、きょうも「現に」、あしたも「現に」、である。自己が課題になるときは、いつも「現に罪悪生死の凡夫」である自己が問われてくるのである。親鸞は、このように自身を深く信ずること（問うこと）のできる自己に出遇ったと言うのである。

善導は「散善義」（『観経疏《かんぎょうしょ》』の第四巻）の中で、この「機の深信」と呼ばれる文の後に、二つには、決定して深く、「かの阿弥陀仏の四十八願は衆生を摂受《しょうじゅ》して、疑いなく、慮《おもんぱか》りなくかの願力に乗じて定んで往生を得」と信ず。（『教行信証』「信巻」所引）

と、「法の深信」と呼ばれる文を記す。「弥陀の五劫思惟の願をよくよく案ずれば……」の文とまったく同じ文意である。

法に照らされて、法に異なる自己（機）が歎異され、機の自覚がそのまま、法を仰ぎ、法に救われていく。この立場こそ、『歎異抄』を貫く根本精神である。実に厳しい生活である。

〝光があるから闇がわかり、闇があるから光が仰げる。〟

十六　そらごとたわごと――火宅の危機

〔後序（抄出二）〕

聖人《しょうにん》のおおせには、「善悪《ぜんあく》のふたつ総じてもって存知《ぞんじ》せざるなり。そのゆえは、如来《にょらい》の御《おん》こころによしとおぼしめすほどにしりとおしたらばこそ、よきをしりたるにてもあらめ、如来のあしとおぼしめすほどにしりとおしたらばこそ、あしさをしりたるにてもあらめど、煩悩具足《ぼんのうぐそく》の凡夫《ぼんぶ》、火宅《かたく》無常《むじょう》の世界は、よろずのこと、みなもって、そらごとたわごと、まことあることなきに、ただ念仏のみぞまことにておわします」とこそおおせはそうらいしか。

〔語註〕

火宅無常　一切が移り変わっていくこと。『法華経』では、不安で、迷いの多いこの世界を、火の燃え盛る家にたとえる。

〔現代語訳〕

親鸞聖人のおおせには、「善悪の二つ、まったくもって知る限りではありません。そのわけは、如来の御心に善しとお思いになるほどに、私が知りとおしたならば、善を知っているということでありましょう。如来の悪しとお思いになるほどに、私が知りとおしていたならば、悪しさを知っているということでありましょう。けれども、煩悩具足の凡夫、火宅無常の世界は、すべてのことがみんな、そらごとたわごとで、真実《まこと》なものはなく、ただ念仏だけが真実であります」とおおせになった。

世間《せけんこけ》虚仮　唯《ゆいぶつぜしん》仏是真

聖徳太子の「天寿国繍帳銘文」のことばである。親鸞は、ことさら深く共鳴している。一切が、虚仮であり、それを照らす仏のみが真実であるとは、厳しいことばである。親鸞は、「唯仏是真」を「ただ念仏のみぞまこと」と理解する。不動の真実に出遇い、澄んだ眼《まなこ》にのみわかる世界である。人間の営みはすべて「そらごとたわごと」（虚仮）である。絶対真実ではない。善し悪しのものさしは、時代、場所、立場によって変わる。しかも、世間の中で揺れ動く人間を立場としている者には、それが「虚仮」であり、「そらごとたわごと」とは、わからない。「善悪のふたつ総じてもって存知せざるなり」と、世間の〝ものさし〟を超えないと、それが虚仮とはわからない。思えば、世間では、真実と真実、正義と正義が戦争をしているのである。世間の〝ものさし〟、世間の正義はいつも変化する。迷い、揺れ動き、常でない。それを気づかせてくれるものこそ真実である。それが智慧であり、「智慧の念仏」である。

世間は、火宅無常である。『法華経』では、不安で迷い多き世間を、火の燃え盛る宅《いえ》にたとえる。

火宅の自覚が、人間の危機意識である。われわれは、それすら感じることなく世間に流されている。流されている方が、わが身が問われなくて心地よい。しかし、そこは、火宅である。

偏差値教育、エリート教育も火宅である。学校が危ない。教育が危ない。社会が危ない。何が良くて、何が悪いのかわからない。常でないものを常と思い、流され、迷っている。レールに乗っていると、体制側についていると妙に安心できる。レールをはずれた者を見おろし、異端視することによって、自分の立場を保全する。しかし、エリートは、ほんの一握りである。いつしか自分もレールをはずれる。優越感と劣等感にさいなまれて、火宅を生きているのである。

念仏に出遇うと火宅が見えてくる。同時にそれに悩まされない広い世界も見えてくる。

本願力にあいぬれば
むなしくすぐるひとぞなき
功徳《くどく》の宝海《ほうかい》みちみちて
煩悩《ぼんのう》の濁水《じょくしい》へだてなし　（『高僧和讃』）

火宅の自覚が火宅を超えさせる。虚仮《こけ》の自覚が虚仮を超えさせる。真実に出遇う道が、真宗（教団を示すことばではなく、真実を宗とする立場）である。

親鸞は言う。

浄土真宗に帰《き》すれども
真実の心《しん》はありがたし
虚仮不実《ふじつ》のわが身にて
清浄《しょうじょう》の心もさらになし　（『正像末和讃』）

親鸞の悲歎である。もし、真宗に出遇わなければ、「わが身こそ真実」と、傲慢《ごうまん》に生きていたであろう。そして、鼻持ちならぬ自分になっていたであろう。浄土真宗に帰したからこそ、逆に真実の心のない自分が見えてきたのである。「虚仮不実のわが身」、「清浄の心もさらにない」自分が、見えてきたのである。虚仮とは、うそいつわり、不実とは不真実で、絶対ではない、相対的なものであるとの意である。その自覚こそ、すでに、それに気づかせる「真実」に出遇っているのである。虚仮不実の自覚が、真実に気づかせる。闇の自覚が、光を仰がしめているのである。

ところで、一般に「浄土真宗」と言うと、仏教の一つの宗派を言い表わすことばと理解されるが、ここで言う浄土真宗とは、そういう教団（宗教団体）を指すことばではない。親鸞が、『教行信証』で「謹んで浄土真宗を案ずるに……」と言うように、法、つまり、教えそのものを指すことばである。法であるから、誰かが作ったとか、言い始めたとかいうものではない。私たちが気づこうが気づくまいが、普遍に存在するものである。たとえば、ニュートンの万有引力の法則は、ニュートンが作ったものではない。ニュートンが気づこうが、気づくまいが、リンゴは木から落ちる。たまたまニュートンがそれを見ていて引力に気づいたのである。それと同じように、浄土真宗も法であり、親鸞が作ったのではない。親鸞が気づいたのである。それどころか七高僧（釈尊から親鸞まで念仏の教えを伝えた七人の高僧）のみんなが、真宗に気づいたのである。だから、「彼の三国の祖師、おのおの此の一宗を興行す」（『御伝鈔』）と言うのである。先立つ祖師たちは、法然も含めてみんな真宗の法に目覚めているのである。だから、法照（中国唐代の僧、生没年時不詳）は、「念仏成仏これ真宗」と言い、善導は「真宗値《もうあ》いがたし」と言う。さらに、親鸞は法然について、先にも引用したが、

智慧光《ちえこう》のちからより
　本師《ほんじ》源空あらわれて
浄土真宗を開きつつ
選択《せんじゃく》本願のべたもう
（『高僧和讃』）

と言うのである。親鸞の理解は、法然は法の世界からやってきて、法を伝えて、法の世界へ帰って行った人なのである。浄土真宗とは、苦悩する人間を、苦から救う法そのものを指すことばなのである。

〈注〉

（1）真宗教団連合編『歎異抄――現代を生きるこころ――』（朝日新聞社、一九七三、初版のみ所収）二四二―二四四頁。

（2）拙稿「『歎異抄』の「右斯聖教者…」の付文と禁書説について」（田代俊孝『親鸞教学の課題と論究』方丈堂出版、二〇一六）参照。

（3）梅原猛「『歎異抄』わが心の恋人」（『プレジデント』二五・八、一九八七）。

（4）『定本親鸞聖人全集』二・和讃篇、五一頁。

（5）南御堂（大阪）伝道掲示板。同旨の文が廣瀬杲『真宗入門　歎異抄のこころ』（東本願寺出版、一九八七）八一頁に記されている。

（6）真宗教団連合編『歎異抄――現代を生きるこころ――』（朝日新聞社、一九七三）一〇六頁。

（7）高光一也『これでよかった――私の歎異抄ノートより――』（法藏館、一九八四）四八頁。

（8）拙稿「慈悲の「かわりめ」考――『歎異抄』第四条試解――」（田代俊孝『親鸞教学の課題と論究』方丈堂出版、二〇一六）参照。

あとがき

大学院を修了して自坊に帰ったとき、私は一人の少年と出会った。その少年は、高校二年生だが不登校で、家にこもっていた。昼夜逆転の生活だった。門前の家の子だったので、仲良くなって、毎晩夜八時ごろから筆者の書斎で二人で『歎異抄』を読んだ。やがて、少年は高校を中退したが、不思議と毎晩、時間を守ってやってきた。私が唯一の話し相手だったらしい。もともと中学までは優等生だったので理解は早かった。

少年は受験戦争の中で偏差値にとらわれ、家庭では「良い子」になろうと必死だったのだが、あるとき破綻した。何かの理由で学校をしばらく休んだら、もう「良い子」で優等生の体面が保てなくなったのである。それで、次第に不登校になった。

しかし、『歎異抄』を読み進むうちに、その中のいくつかのことばが、彼の心に刺さった。そして、一年半後、少年は大谷専修学院（真宗大谷派の僧侶養成の学校）へ行き、仏教を学んで自分を取り戻した。今では、自分らしく立派に生きている。当時、私はその記録を『広い世界を求めて――登校拒否の心を開いた『歎異抄』――』（毎日新聞社、一九八九）として出版した。そのとき、私は『歎異抄』は、こちらが課題を持って読むと、そのすべての課題に答えてくれる書だと確信した。

その後、私はターミナル・ケアを課題にし、「ビハーラ」を提唱したが、『歎異抄』はそれにも答えてくれた。課題を持たずに読むと、なんと難解な書かと思って投げ出したくなるが、課題を持って読むと、すべての解が読み取れる。不思議な書である。

今、私は仏教系の大学で一年次の学生と仏教を学んでいる。是非とも『歎異抄』を読んで、課題を解決してほしい。少年と読んだときの、あの不思議な感激を呼び起こしつつ、この書を書いた。

一般の書は、一度読むと内容がわかり、再び読んでも新鮮さがない。しかし『歎異抄』は違う。時を経て、別の課題を持って本書を読むと、別の新鮮さがある。文章自体は変わっていないが、こちらの課題が変わっているからである。このことが、本書が永遠に読み継がれる理由かもしれない。

二〇二三年一月

仁愛大学にて　田代俊孝

田代俊孝（たしろ しゅんこう）

仁愛大学学長。同朋大学名誉教授。博士（文学）。日本ペンクラブ会員。1952年生まれ。大谷大学大学院博士後期課程満期退学。カリフォルニア州立大学客員研究員、同朋大学教授、同大学院文学研究科長などを経て現職。ビハーラの提唱者の一人で、ビハーラ医療団代表。1993年～95年までブラジルのマリンガ大学、トレード大学、サンパウロ総合大学特別招聘講師。1995年にハワイ大学（マノア校）サマーセミナー講師。

主な著書 『広い世界を求めて――登校拒否の心を開いた歎異抄』（毎日新聞社）。『親鸞の生と死――デス・エデュケーションの立場から』、『仏教とビハーラ運動――死生学入門』、『唯信鈔文意講義』、『親鸞思想の再発見――現代人の仏教体験のために』、『御文に学ぶ――真宗入門』、『親鸞 左訓・字訓・語訓辞典』（以上、法藏館）、『市民のためのビハーラ』全六巻（同朋舎出版）、『親鸞教学の課題と論究』（方丈堂出版）、『愚禿鈔講讃――教相判釈と真宗開顕』（東本願寺出版）

『BUDDHISM AND DEATH COUNSELING―Japanese Buddhist Vihara Movement―』（USA: Awakening Press）、『LIVING AND DYING IN BUDDHIST CULTURES』（USA University of Hawaii at Manoa） ほか多数。

歎異抄
――心に刺さるメッセージ――

二〇二三年四月一五日 初版第一刷発行

著　者 田代俊孝
発行者 西村明高
発行所 株式会社 法藏館
京都市下京区正面通烏丸東入
郵便番号 六〇〇-八一五三
電話 〇七五-三四三-〇〇三〇（編集）
〇七五-三四三-五六五六（営業）

装幀者 野田和浩
印刷・製本 中村印刷株式会社

ISBN978-4-8318-8795-5 C0015